ISBN 978-0-243-89215-0
PIBN 10747092

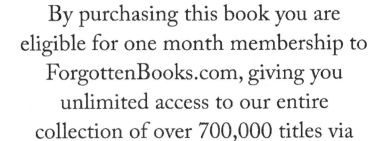

English
Français
Deutsche
Italiano
Español
Português

www.forgottenbooks.com

Mythology Photography **Fiction**
Fishing Christianity **Art** Cooking
Essays Buddhism Freemasonry
Medicine **Biology** Music **Ancient
Egypt** Evolution Carpentry Physics
Dance Geology **Mathematics** Fitness
Shakespeare **Folklore** Yoga Marketing
Confidence Immortality Biographies
Poetry **Psychology** Witchcraft
Electronics Chemistry History **Law**
Accounting **Philosophy** Anthropology
Alchemy Drama Quantum Mechanics
Atheism Sexual Health **Ancient History**
Entrepreneurship Languages Sport
Paleontology Needlework Islam
Metaphysics Investment Archaeology
Parenting Statistics Criminology
Motivational

AMADO NERVO
SUS MEJORES POEMAS :: SELECCION DE EDUARDO BARRIOS y ROBERTO MEZA FUENTES

No hieras ni con un pensamiento el
una mujer que ella es una flor
que muere hasta al mero contacto
spiro insa no. Forget me not

EDITORIAL NASCIMENTO

AHUMADA 272 ::: CASILLA 2298

SANTIAGO DE CHILE

Impreso en los Talleres de la Editorial Nascimento - Arturo Pr

HABLA EL POETA

Nací en Tepic, pequeña ciudad de la costa del Pacífico, el 27 de Agosto de 1870. Mi apellido es Ruiz de Nervo; mi padre lo modificó encogiéndolo. Se llamaba Amado y me dió su nombre. Resulté, pues, Amado Nervo, y esto que parecía seudónimo—así lo creyeron muchos en América—y que en todo caso era raro, me valió quizá no poco para mi fortuna literaria. ¡Quién sabe cuál habría sido mi suerte con el Ruiz de Nervo ancestral, o si me hubiese llamado Pérez y Pérez!

Empecé a escribir siendo muy niño, y en cierta ocasión una hermana mía encontró mis versos, hechos a hurtadillas, y los leyó en el comedor a toda la familia reunida. Yo escapé a un rincón. Mi padre frunció el ceño. «Y eso fué todo». Un poco más de rigidez y escapo para siempre. Hoy sería quizá un hombre práctico. Habría amasado una fortuna con el dinero de los demás, y mi honorabilidad y seriedad me abrirían todos los caminos. Pero mi padre sólo frunció el ceño...

Por lo demás, mi madre escribia también versos, y también a hurtadillas. Su sexo y sus grandes dolores la salvaron a tiempo, y murió sin saber que tenía talento: ahora lo habrá descubierto con una sonrisa piadosa...

No he tenido ni tengo tendencia alguna literaria especial. Escribo como me place. Según el «spiritus qui flat ubi vult». No sostengo más que una escuela: la de mi honda y perenne sinceridad.

He hecho innumerables cosas malas, en prosa y verso; y algunas buenas; pero sé cuáles son unas y otras. Si hubiese sido rico no habria hecho más que las buenas, y acaso hoy sólo se tendria de mi un pequeño libro de arte consciente, libre y altivo. ¡No se pudo! Era preciso vivir en un pais donde casi nadie leia libros, y la única forma de difusión estaba constituida por el periódico. De todas las cosas que más me duelen es ésa la que me duele más: el libro, breve y precioso, que la vida no me dejó escribir: el «libro libre» y único.

Amado Nervo

AMADO NERVO

Amado es la palabra que en querer se concreta,
Nervo es la vibración de los nervios del mal:
bendita sea y pura la canción del poeta,
que lanzó sin pensar su frase de cristal.

Fraile de los suspiros, celeste anacoreta
que tienes en blancura l'azúcar y la sal:
muéstrame el lirio puro que sigues en la veta,
y hazme escuchar el eco de tu alma sideral.

Generoso y sutil como una mariposa,
encuentra en mí la miel de lo que soy capaz,
y goza en mí la dulce fragancia de la rosa.

No busques en mi gestos el alma de mi faz:
quiere lo que se aquieta, busca lo que reposa,
y ten como una joya la perla de la Paz.

RUBÉN DARÍO.

PERLAS NEGRAS

¿POR QUÉ TAN GRAVE LA MUCHACHITA?

¿Por qué tan grave la muchachita?
¿Por qué los goces del juego evita?
¿Por qué se oculta y, en un rincón,
el más sombrío d'estancia aislada,
gime solita y acurrucada,
como paloma sin su pichón?

¿Perdió su rorro grande, que dice:
«P a p á»? L'ausencia de Berenice,
su dulce amiga, ¿le causa afán?
¿Sufrió el regaño de adusta abuela,
o pena acaso porque a la escuela
mañana mismo la llevarán?

¡Ay! Es que ha muerto su hermosa gata,
cuyo bigote—púas de plata—
cien y cien veces acarició;
la de albo pelo, mayar sonoro,

ojos muy verdes, vetados de oro,
¡la «R e m o n o n a» que tanto amó!

Por eso pena la muchachita,
por eso el goce pueril evita,
odia el bullicio, y en un rincón,
el más sombrío d'estancia aislada,
gime solita y acurrucada
como paloma sin su pichón.

YA LA NOCHE SE ACERCA...

Ya la noche se acerca, la hermosa
reina nubia de castas pupilas;
la que boga en su esquife de plata
remolcado por negra cuadriga.

Ya preludian su «t r é m o l o» flébil,
en las verdes palmeras, las brisas.
Cayó el sol como rosa de fuego
en las glaucas llanuras marinas;

y volvieron las blancas gaviotas
a las rocas, que yerguen altivas,
erizadas de agujas, sus moles,
recortando l'azul lejanía.

*

Bésame, frente al mar, frente al cielo
en que vago crespúsculo brilla;
en presencia de Dios que bendice
el connubio de tu alma y la mía.

El creó en nuestros pechos, que laten
hoy tan juntos, la llama purisima
del amor que ha dictado mis versos,
del amor que resume tu vida.

Bésame, cual la ola a la playa,
cual los astros al mar, cual las brisas
a la palma de lacios cabellos;
bésame, desposada divina.

Mientras abren sus cálices de oro
las estrellas, que son margaritas
del celeste jardin, que los ángeles
con sus manos de nieve cultivan.

Bésame, mientras reinan las sombras
que en sus pliegues nos traen la dicha,
mientras baten sus alas los sueños,
mientras pueblan el bosque las ninfas,
y Deméter con hondos espasmos
de placer inefable palpita.

EN RICA ESTANCIA DE ARISTOCRÁTICA...

En rica estancia de aristocrática
mansión, en lecho de pompa asiática,
donde el dorado blasón que expresa
antiguas glorias, luce su brillo,
duerme a sus anchas un falderillo:
el falderillo de la condesa.

En la magnifica chimenea
un blando fuego chisporrotea;
afuera el cierzo sus alas mueve,
y cual vellones desparramados
van descendiendo por los tejados
innumerables copos de nieve.

La tarde muere, la luz fenece,
la estancia en honda quietud, parece
cripta en que el ruido mundano cesa;
sólo se escuchan, en ocasiones,
las compasadas respiraciones
del falderillo de la condesa.

*

Un rapazuelo, de cuerpo escuálido,
de tristes ojos, de rostro pálido,

rasca las cuerdas de su violín
frente a los muros de aquella casa:
¡música inútil! la gente pasa
sin dar socorros al serafín.

En tanto el cierzo silba y se queja;
el pobre nıno de tocar deja;
llora y a nadie su llanto mueve;
en vano empuja con mano incierta
de la morada condal la puerta,
y se desploma sobre la nıeve!

*

Cuando despunta la luz primera,
desciende un rayo sobre la acera,
al niño muerto besa en la frente,
presta matices a sus cabellos
y luego forma por cima de ellos
una corona resplandeciente.

Otro rayito de la mañana
entra riendo por la ventana
del rico alcázar, y con traviesa
luz, qne cascada de oro remeda,
baña los rizos de blanca seda
del falderillo de la condesa...

ALLEGRO VIVACE

Oye, neurótica enlutada,
oye, la orquesta desmayada
preludia un vals en el salón;
de luz la estancia está inundada,
de luz también el corazón.

¡Ronda fantástica iniciemos!
El vals es vértigo: ¡valsemos!
¡que viva el vértigo, mujer!
Es un malstrom: encontraremos
en su vorágine el placer.

Valsar, girar, ¡qué bello es eso!
Valsar, girar, perder el seso,
hacia el abismo resbalar,
en la pendiente darse un beso,
morir después... Valsar, girar...

Paolo, tu culpa romancesca
viene a mi espíritu; Francesca,
unida siempre a Paolo vas...
¡Impúlsanos, funambulesca
ronda! ¡más vivo! ¡mucho más! ...

Valsar, girar, ¡qué bello es eso!
Valsar, girar, perder el seso,
hacia el abismo resbalar,
en la pendiente darse un beso,
morir después: valsar, girar...

CUANDO EL SOL VIBRA SU RAYO...

Cuando el sol vibra su rayo
de oro vivo, de oro intenso,
de la tarde en el desmayo;
cuando el sol vibra su rayo,
        ¡pienso!

Pienso en tí, la Deseada
que mi amor buscando va
con nostálgica mirada;
pienso en tí, la Deseada,
y pregunto: «¿n o   v e n d r á?»

Cuando estoy febricitante
en los brazos del Ensueño
que me lleva muy distante;
cuando estoy febricitante,
        ¡sueño!

Sueño en hombros fraternales
donde al fin reposarán
mis cansados ideales;
sueño en hombros fraternales
y pregunto: «¿n o v e n d r á n ?»

Cuando estoy enfermo y triste
y es inútil mi reclamo
porque al fin tú no viniste;
cuando estoy enfermo y triste,
¡amo!

Amo el beso de la Muerte,
que mañana entumirá
mi avidez por conocerte;
amo el beso de la Muerte
y me digo: «¡s í v e n d r á !»

POEMAS

LA HAUT

Cómo olvidar la cauda de sus cabellos blondos!
cómo olvidar su frente nevada y misteriosa!
cómo olvidar sus ojos tan tristes y tan·hondos,
que siempre parecian pensar en otra cosa...

Cómo olvidar lo inmenso de su melancolía!
La vida no le daba más que nostalgia y ceños:
—«Yo soy la desterrada perenne, me decia,
mi patria es un planeta que miro mucho en sueños.»

«¡Adónde iré en la tierra que no esté pesarosa!
Ya todos los caminos conocen mi coturno;
yo soy como un instinto que espera alguna cosa,
yo escruto el horizonte como romera ansiosa
que aguarda en las riberas del piélago su turno.»

«Ha tanto tiempo ¡tanto! que yerro distraída
pidiendo en extranjeros idiomas hospedaje,
sin que al llegar me digan jamás: «Sé bien venida»,
sin que al partir me digan: «Que tengas un buen viaje.»

«¿Por qué no me refugias en tu alma de vidente?
Me han dicho que los astros su luz copian en ella:
si dejas que yo asome la faz como a una fuente,
quién sabe si en las noches veré pasar mi estrella!»

«Devuélveme a mis santas riberas, a mis lagos
de amatista, a mi pálida estrella silenciosa.»
¡Cómo olvidar sus ojos tan tristes y tan vagos,
que siempre parecian pensar en otra cosa!

LA HERMANA MELANCOLÍA

En un convento vivía
una monja que pasaba
por santa, y que se llamaba
la hermana Melancolía:
fruto de savia tardía
que olvidó la primavera
su rostro de lirio era,
y sus pupilas umbrosas
dos nocturnas mariposas
en ese lirio de cera.

Nadie la vió sonreir,
porque quiso, en su entereza,
ennoblecer de tristeza
la ignominia de vivir;
tan sólo cuando, al morir,
miró la faz del Señor,
arrojando su dolor
como se arroja una cruz,
mostró en su frente la luz
de un relámpago de amor.

Y aquella monja sombría
que nunca se sonrió,
cuando en su cripta durmió
sonreía, sonreía.

Hermana Melancolía:
dame que siga tus huellas,
dame la gloria de aquellas
tristezas, ¡oh taciturna!
Yo soy un alma nocturna
que quiere tener estrellas.

MADRIGAL HETERODOXO

Deja que mi canto brote
para ti como un arrullo

y en tu redor vibre y flote.
Depón, marquesa hugonote,
tu austeridad y tu orgullo.

Soy hidalgo, amarte puedo
si eres hidalga también:
mis mayores con denuedo
siguieron a Godofredo
luchando en Jerusalén.

Si tú entre las damas sueles
preponderar, vive Dios,
yo privo entre los donceles;
si ostentas muchos cuarteles
yo tengo sesenta y dos.

¿Que tu padre combatió
con el mío y se dañaron
de diverso fin en pro?
¡Pues amémonos tú y yo
después que ellos se mataron!

¿Temes que el mundo publique
nuestro idilio, murmurando?
Pues yo diré a quien critique:
También el rey don Enrique
amó a las del otro bando.

Y frente al primo de Guisa,
al ir de Lutecia en pos,

· dijo con cierta sonrisa:
«París bien vale una misa...»
Tú, marquesa, vales dos!

Vamos, concede que brote
la voz de mi plectro eólico
y en tu redor vibre y flote...

¡Piedad, marquesa hugonote,
para este bardo católico!

TENUE

Un eco muy lejano,
un eco muy discreto,
un eco muy suave:
el fantasma de un eco...

Un suspiro muy débil,
un suspiro muy íntimo,
un suspiro muy blando:
la sombra de un suspiro...

Un perfume muy vago,
un perfume muy dulce,
un perfume muy leve:
el alma de un perfume,

son los signos extraños que anuncian
la presencia inefable de «L u m e n»

Ay de mí si no advierto
el eco tan lejano,
el suspiro tan íntimo,
el perfume tan vago:

«L u m e n» vuelve a ser hebra de luna,
diluyéndose toda en un rayo!

ANDRÓGINO

Por ti, por ti clamaba cuando surgiste,
infernal arquetipo, del hondo Erebo,
con tus neutros encantos, tu faz de efebo,
tus senos «p e c t o r a l e s», y a mi viniste.

Sombra y luz, yema y polen a un tiempo fuiste,
despertando en las almas el crimen nuevo,
ya con virilidades de dios mancebo,
ya con mustios halagos de mujer triste.

Yo te amé porque, a trueque de ingenuas gracias,
tenías las supremas aristocracias:

sangre azul, alma huraña, vientre infecundo;
porque sabías mucho y amabas poco,
y eras síntesis rara de un siglo loco
y floración malsana de un viejo mundo.

AYER

Con tres genuflexiones los teuctlis abordaron
el trono; cada teucli llevaba su tesoro:
«Señor, mi Señor», luego «gran Señor», exclamaron
y fuéronse, agitando las arracadas de oro.

(Era la fiesta santa de Quetzalcoatl.) Llegaron
después doncellas brunas diciendo eximio coro,
y frente al rey sañudo cien músicos vibraron
el teponaxtle, el huehuetl y el caracol sonoro.

(Era la fiesta santa de Quetzalcoatl.) Reía
el pueblo. El Rey en tanto,—sin brillo la sombría
mirada inmensa, como dos noches sin estrellas,—
pensaba en el augurio fatal del «Dios Serpiente»:
«Y entonces, en un vuelo de naves del Oriente,
vendrán los hombres blancos, que matan con centellas.»

EL VIEJO SÁTIRO

En el tronco de sepia de una encina
que lujuriosa floración reviste,
un sátiro senil, débil y triste,
con gesto fatigado se reclina.

Ya murió para él la venusina
estación, Afrodita no le asiste
ni le quieren las ninfas... ya no existe
el placer, y la atrofia se avecina.

Sin estímulos ya, sin ilusiones,
apoya entre los dedos los pitones,
encoge las pezuñas, con marasmo
entrecierra los ojos verde umbrío,
y pasa por su rostro de cabrío,
el tedio de una vida sin espasmo.

SONETINO

Alba en sonrojos
tu faz parece:
¡no abras los ojos,
porque anochece!

Cierra—si enojos
la luz te ofrece—
los labios rojos,
¡porque amanece!

Sombra en derroches,
luz: ¡sois bien mías!
Ojos obscuros:
¡muy buenas noches!
Labios maduros:
¡muy buenos días!

LA AMADA

Arroyo de cristales bullidores
que finges, al correr entre las gramas,
hidra inmensa de nítidas escamas,
clarosonante ruta de colores:

Campiñas en que vagan los olores
del anís, del tomillo y las retamas:
nidos que desgranáis entre las ramas
vuestros trémulos cánticos de amores:

Sabed que soy feliz, pues fuí querida;
que en una hora de amor viví una vida,
y que a todos los vientos que encontrare

un mensaje daré para el amado:
¡Oh, viento, gran suspiro perfumado,
«olvídeme de mí si le olvidare!»

EL AMADO

Mientras tú estabas lejos del Esposo,
fué perenne espejismo del sentido
tu nombre, que es arrullo en el oído
y en los labios almíbar deleitoso.

A causa del aroma delicioso
que tienes en los labios escondido,
tu nombre es un aroma difundido
por las alas del viento nemoroso.

Oh, vuelve a mí; te aspiraré anhelante
cual saquito de mirra perfumada,
Sulamita gentil (aunque morena

porque el sol ha mirado tu semblante). (1)
Ven a mí: ya te aguarda en la majada,
modulando sus églogas, mi avena.

----

(1) I. Cant. de los cant.

LA HERMANA AGUA

(DE LOS POEMAS PANTEÍSTAS)

> Hermana Agua, alabemos al Señor.
> *(Espíritu de San Francisco de Asís)*

A QUIEN VA A LEER

Un hilo de agua que cae de una llave imperfecta; un hilo de agua, manso y diáfano, que gorjea toda la noche y todas las noches cerca de mi alcoba, que canta a mi soledad y en ella me acompaña; un hilo de agua: ¡qué cosa tan sencilla! Y, sin embargo, esas gotas incesantes y sonoras me han enseñado más que los libros.

El alma del Agua me ha hablado en la sombra,—el alma santa del Agua—, y yo la he oído con recogimiento y con amor. Lo que me ha dicho está escrito en páginas que pueden compendiarse así: «s e r d ó c i l, s e r c r i s- t a l i n o : é s t a e s l a l e y y l o s p r o f e t a s»; y tales páginas han formado un poema.

Yo sé que quien lo lea sentirá el suave placer que yo he sentido al escucharlo de los labios de «S o r A q u a», y éste será mi galardón en la prueba, hasta que mis huesos se regocijen en la gracia de Dios.

EL AGUA QUE CORRE BAJO LA TIERRA

Yo canto al Cielo porque mis linfas ignoradas
hacen que fructifiquen las savias; las llanadas,
los sotos y las lomas por mí tienen frescura.
Nadie me mira, nadie; mas mi corriente obscura
se regocija luego que llega primavera,
porque si dentro hay sombras, hay muchos tallos fuera.

Los gérmenes conocen mi beso cuando anidan
bajo la tierra, y luego que son flores me olvidan.
Lejos de sus raíces las corolas felices
no se acuerdan del agua que regó sus raíces...
¡Qué importa! yo alabanzas digo a Dios con voz suave.
La flor no sabe nada, ¡pero el Señor sí sabe!

Yo canto a Dios corriendo por mi ignoto sendero,
dichosa de antemano; porque seré venero
ante la vara mágica de Moisés; porque un día
vendrán las caravanas hacia la linfa mía;
porque mis aguas dulces, mientras que la sed matan,
el rosto beatifico del sediento retratan
sobre el fondo del cielo, que en los cristales yerra;
porque copiando el cielo lo traslado a la tierra,
y así el creyente triste que en él su dicha fragua,
bebe, al beberme, él cielo que palpita en mi agua,
y como en ese cielo brillan estrellas bellas,
el hombre que me bebe comulga con estrellas.

Yo alabo al Señor bueno porque, con la infinita
pedrería que encuentro de fuegos policromos,
forjo en las misteriosas grutas la estalactita,
pórtico del alcázar de ensueño de los gnomos;
porque en ocultos senos de la caverna umbría
doy de beber al monstruo que tiene miedo al día.
¡Qué importa que mi vida bajo la tierra acabe!
Los hombres no lo saben, pero Dios sí lo sabe.

Así me dijo el Agua que discurre por los
antros, y yo:—Agua hermana, bendigamos a Dios.

EL AGUA QUE CORRE SOBRE LA TIERRA

Yo alabo al cielo porque me brindó en sus amores
para mi fondo gemas, para mi margen flores;
porque cuando la roca me muerde y me maltrata,
hay en mi sangre (espuma) filigranas de plata;
porque cuando al abismo ruedo en un cataclismo,
adorno de arco iris triunfales el abismo,
y el rocío que salta de mis espumas blancas
riega las florecitas que esmaltan las barrancas;
porque a través del cauce llevando mi caudal,
soy un camino que anda, como dijo Pascal;
porque en mi gran llanura donde la brisa vuela,
deslízanse los élitros nevados de la vela;
porque en mi azul espalda que la quilla acuchilla,
mezo, aduermo y soporto la audacia de la quilla,

mientras que no conturba mis ondas el Dios fuerte,
a fin de que originen catástrofes de muerte,
y la onda que arrulla sea onda que hiere...
¡Quién sabe los designios de Dios que así lo quiere!

Yo alabo al cielo porque en mi vida errabunda
soy Niágara que truena, soy Nilo que fecunda,
maelstroom de remolino fatal, o golfo amigo;
porque, mar, dí la vida, y, diluvio, el castigo.

Docilidad inmensa tengo para mi dueño:
Él me dice «Anda», y ando; «Despéñate», y despeño
mis aguas en la sima de roca, que da espanto;
y canto cuando corro, y al despeñarme canto,
y cantando mi linfa, tormentas o iris fragua,
fiel al Señor...
        —Loemos a Dios, hermana Agua.

LA NIEVE

Yo soy la movediza perenne; nunca dura
en mí una forma; pronto mi ser se transfigura,
y ya entre guijas de ónix cantando peregrino,
ya en témpanos helados, detengo mi camino,
ya vuelo por los aires trocándome en vapores,
ya soy iris en polvo de todos los colores
o rocío que asciende, o aguacero que llueve...
Mas Dios también me ha dado la albura de la nieve,

la albura de la nieve enigmática y fria
que cae de los cielos como una eucaristía,
que por los puntiagudos techos resbala leda
y que cuando la pisan cruje como la seda.

Cayendo silenciosa, de blanco al mundo arropo.
Subí a la altura niebla, desciendo al suelo copo;
subí gris de los lagos que la quietud estanca,
y bajo blanca al mundo... ¡Oh, qué bello es ser blanca!

¿Por qué soy blanca? En premio del sacrificio mío,
porque tirito para que nadie tenga frío,
porque mi lino tódos los fríos almacena
¡y Dios me torna blanca por haber sido buena!
¿Verdad que es llevadera la palma del martirio
así? Yo caigo como los pétalos de un lirio
de lo alto, y no pudiendo cantar mi canción pura
con murmurios de linfa, la canto con blancura.

La nitidez es ruego, la albura es himno santo;
ser blanca es orar; siendo yo, pues, blanca, oro y canto.
Ser luminosa es otro de los cantos mejores:
¿no ves que las estrellas salmodian con fulgores?
Por eso el rey poeta dijo en himno de amor:
«El firmamento narra la gloria del Señor.»

Sé tú como la Nieve que inmaculada llueve.

Y yo clamé:—Alabemos a Dios, hermana Nieve.

EL HIELO

Para cubrir los peces del fondo, que agonizan
de frío, mis piadosas ondas se cristalizan,
y yo, la inquietüela, cuyo perenne móvil
es variar, enmudezco, me aduermo, quedo inmóvil.
¡Ah! Tú no sabes cómo padezco nostalgia
de sol bajo esa blanca sábana siempre fría!
Tú no sabes la angustia de la ola que inmola
sus ritmos ondulantes de mujer,—su sonrisa—,
al frío, y que se vuelve—mujer de Loth—banquisa:
ser banquisa es ser como la estatua de la ola.

Tú ignoras esa angustia; mas yo no me rebelo,
y ansiosa de que en todo mi Dios sea loado,
desprendo radiaciones al bloque de mi hielo,
y en vez de azul oleaje soy témpano azulado.

Mis crestas en las noches del polo son fanales,
reflejo el rosa de las auroras boreales,
la luz convaleciente del sol, y con deleite
de Seraphita, yergo mi cristalina roca
por donde trepan lentos los morsos y la foca,
seguidos de lapones hambrientos de su aceite...
¿Ya ves cómo se acata la voluntad del cielo?
Y yo recé:—Loemos a Dios, hermano Hielo.

EL GRANIZO

¡Tin tin, tin tin! Yo caigo del cielo, en insensato
redoble al campo y todos los céspedes maltrato.

¡Tin tin! ¡Muy buenas tardes, mi hermana la pradera!
Poeta, buenas tardes, ¡ábreme tu vidriera!
Soy diáfano y geométrico, tengo esmalte y blancura
tan finos y suaves como una dentadura,
y en un derroche de ópalos blancos me multíplico.
La linfa canta, el copo cruje, yo... yo repico!
Tin tin, tin tin, mi torre es la nube ideal,
¡oye mis campanitas de límpido cristal!
La nieve es triste, el agua turbulenta, yo sin
ventura, soy un loco de atar, tin tin, tin tin!
¿...Censuras? No por cierto, no merezco censuras;
las tardes calurosas por mí tienen frescuras,
yo lucho con el hálito rabioso del verano
y soy bello...
    —Loemos a Dios, Granizo hermano.

EL VAPOR

El Vapor es el alma del agua, hermano mío,
así como sonrisa del agua es el rocío,
y el lago sus miradas y su pensar la fuente;
sus lágrimas, la lluvia; su impaciencia, el torrente,
y los ríos sus brazos; su cuerpo, la llanada
sin coto de los mares, y las olas sus senos;
su frente, las neveras de los montes serenos,
y sus cabellos de oro líquido, la cascada.

Yo soy alma del agua, y el alma siempre sube:
las transfiguraciones de esa alma son la nube,
su Tabor es la tarde real que la empurpura:

como el agua fué buena, su Dios la transfigura...
Y ya es el albo copo que en el azul rïela,
ya la zona de fuego, que parece una estela,
ya el divino castillo de nácar, ya el plumaje
de un pavo hecho de piedras preciosas, ya el encaje
de un abanico inmenso, ya el cráter que fulgura...
Como el agua fué buena, su Dios la transfigura.

—¡Dios! Dios siempre en tus labios está como en un templo,
Dios, siempre Dios... ¡en cambio yo nunca le contemplo!
¿Por qué si Dios existe no deja ver sus huellas,
por qué taimadamente se esconde a nuestro anhelo,
por qué no se halla escrito su nombre con estrellas
en medio del esmalte magnífico del cielo?

—Poeta, es que lo buscas con la ensoberbecida
ciencia, que exige pruebas y cifras al abismo
Asómate a las fuentes obscuras de tu vida,
y allí verás su rostro: tu Dios está en ti mismo.
Busca el silencio y ora: tu Dios execra el grito;
busca la sombra y oye: tu Dios habla en lo arcano;
depón tu gran penacho de orgullo y de delito...
—Ya está.
            —¿Qué ves ahora?
                        —La faz del Infinito.
—¿Y eres feliz?
                —Loemos a Dios, Vapor hermano.

LA BRUMA

La Bruma es el ensueño del agua, que se esfuma
en leve gris. ¡Tú ignoras la esencia de la Bruma!
La Bruma es el ensueño del agua, y en su empeño
de inmaterializarse lo vuelve todo ensueño.
A través de su velo mirífico, parece
como que la materia brutal se desvanece:
la torre es un fantasma de vaguedad que pasma;
todo en su blonda envuelto, se convierte en fantasma,
y el mismo hombre que cruza por su zona quïeta
se convierte en fantasma, es decir, en silueta.
La Bruma es el ensueño del agua, que se esfuma
en leve gris. ¡Tú ignoras la esencia de la Bruma,
de la Bruma que sueña con la aurora lejana!
Y yo dije:—¡Ensalcemos a Dios, oh Bruma hermana!

LAS VOCES DEL AGUA

—Mi gota busca entrañas de roca y las perfora.
—En mí flota el aceite que en los santuarios vela.
—Por mí raya el milagro de la locomotora
la pauta de los rieles.—Yo pinto la acuarela,·
—Mi bruma y tus recuerdos son por extraño modo
gemelos; ¿no ves cómo lo divinizan todo?
—Yo presto vibraciones de flautas prodigiosas
a los vasos de vidrio.—Soy triaca y enfermera
en las modernas clínicas.—Y yo, sobre las rosas,
turiferario santo del alba en primavera.

—Soy pródiga de fuerza motriz en mi caída.
—Yo escarcho los ramajes.—Yo en tiempos muy remotos
dí un canto a las sirenas. —Yo, cuando estoy dormida,
sueño sueños azules, y esos sueños son lotos.
—Poeta, que por gracia del cielo nos conoces,
¿no cantas con nosotras?
                                            —Sí canto, hermanas Voces.

EL AGUA MULTIFORME

«El agua toma siempre la forma de los vasos
que la contienen», dicen las ciencias que mis pasos
atisban y pretenden analizarme en vano:
yo soy la resignada por excelencia, hermano.
¿No ves que a cada instante mi forma se aniquila?
Hoy soy torrente inquieto y ayer fuí agua tranquila;
hoy soy, en vaso esférico, redonda; ayer, apenas
me mostraba cilíndrica en las ánforas plenas,
y así pitagorizo mi ser, hora tras hora:
hielo, corriente, niebla, vapor que el día dora,
todo lo soy, y a todo me pliego en cuanto cabe;
¡Los hombres no lo saben, pero Dios sí lo sabe!

¡Por qué tú te rebelas! ¡Por qué tu ánimo agitas!
¡Tonto! ¡Si comprendieras las dichas infinitas
de plegarse a los fines del Señor que nos rige!
¿Qué quieres? ¿Por qué sufres? ¿Qué sueñas? ¿Qué te aflige?
¡Imaginaciones que se extinguen en cuanto
aparecen... En cambio yo canto, canto, canto!
Canto mientras tú penas, la voluntad ignota;

canto cuando soy linfa; canto cuando soy gota,
y al ir, Proteo extraño, de mi destino en pos,
murmuro: —¡Que se cumpla la santa ley de Dios!

¡Por qué tantos anhelos sin rumbo tu alma fragua!
¿Pretendes ser dichoso? Pues bien: sé como el agua;
sé como el agua, llena de oblación y heroísmo,
sangre en el cáliz, gracia de Dios en el bautismo;
sé como el agua, dócil a la ley infinita,
que reza en las iglesias en donde está bendita,
y en el estanque arrulla meciendo la piragua.
¿Pretendes ser dichoso? Pues bien: sé como el agua;
viste cantando el traje de que el Señor te viste,
y no estés triste nunca, que es pecado estar triste.
Deja que en ti se cumplan los fines de la vida;
sé declive, no roca; transfórmate y anida
donde al Señor le plazca, y al ir del fin en pos,
murmura: ¡Que se cumpla la santa ley de Dios!
Lograrás, si lo hicieres así, magno tesoro
de bienes: si eres bruma, serás bruma de oro;
si eres nube, la tarde te dará su arrebol;
si eres fuente, en tu seno verás temblando al sol;
tendrán filetes de ámbar tus ondas, si laguna
eres, y si oceano, te plateará la luna.
Si eres torrente, espuma tendrás tornasolada,
y una crencha de arco iris en flor, si eres cascada.

*
* *

Así me dijo el Agua con místico reproche,
y yo, rendido al santo consejo de la Maga,
sabiendo que es el Padre quien habla entre la noche,
clamé con el Apóstol:—«S e ñ o r ¿q u é q u i e r e s q u e h a g

Paris, Enero de 1901.

EL ÉXODO Y LAS
FLORES DEL CAMINO

PRIMERA PÁGINA

El mar es más constante que yo; las nubes rojas
del orto más que mi alma conservan su vestido;
yo tengo la impaciencia perenne de las hojas;
mi amor es un eterno gemelo de mi ölvido.

Mi mente es un espejo rebelde a toda huella;
mi anhelo es una pluma funámbula, donaire
del viento; el aerolito que cae, esa es mi estrella;
mis goces y mis penas son trazos en el aire.

El ansia del misterio me agita y desespera:
jinete en mis pegasos o nauta en mi galera,
corriendo voy tras todo señuelo que lo finge;
mi hermana la cigüeña me ha visto dondequiera
que el rojo sol proyecta la mitra de la esfinge.

Amo unos ojos mientras que su matiz ignoro,
amo una boca mientras no escucho sus acentos;
jamás pregunto el nombre de la mujer que adoro,
del César por quien lucho, del Dios a quien imploro,
del puerto adonde bogo, ni el rumbo de los vientos.

Criatura fugitiva que cruza el mundo vano,
temiendo que la alforja sus éxodos impida,
ni traje amor ni llevo; y así voy al arcano,
lanzando con un gesto de sembrador el grano
fecundo de mis versos al surco de mi vida.

EN   BRETAÑA

¿De negro?—Sí, de negro de noche. Dios no quiera
robarme el solo traje que me quedó en mi huída.
—Pues, ¿y tus ropas albas?—Flotando en la ribera,
allá, lejos, muy lejos, tan lejos... Su amor era
la sola veste blanca que me vestí en la vida.

Al viento tiembla el fúnebre merino de mis tocas,
al viento de las tardes; la luna surge, riela
y baña en nácar lívido los dientes de las rocas.
Allá se van las velas como esperanzas locas:
Una vela, otra vela, todavía otra vela

¿Vendrá mi nave, aquella trirreme en cuya prora
tallado había un cisne divino? ¡Cuánto tardal.

Mi alma es como esa moza bretona que a la aurora
miró partir la barca del pescador, y ahora,
midiendo con sus ojos el piélago, la aguarda.

VIEJO ESTRIBILLO

¿Quién es esa sirena de la voz tan doliente,
de las carnes tan blancas, de la trenza tan bruna?
—Es un rayo de luna que se baña en la fuente,
          es un rayo de luna...

¿Quién gritando mi nombre la morada recorre?
¿Quién me llama en las noches con tan trémulo acento?
—Es un soplo de viento que solloza en la torre,
          es un soplo de viento...

¿Dí, quién eres, arcángel cuyas alas se abrasan
en el fuego divino de la tarde y que subes
por la gloria del éter?
                    —Son las nubes que pasan;
          mira bien, son las nubes...

¿Quién regó sus collares en el agua, Dios mío?
Lluvia son de diamantes en azul terciopelo.
—Es la imagen del cielo que palpíta en el río,
          es la imagen del cielo...

¡Oh Señor! La Belleza sólo es, pues, espejismo,
nada más Tú eres cierto: sé Tú mi último Dueño.
¿Dónde hallarte, en el éter, en la tierra, en mí mismo?
—Un poquito de ensueño te guiará en cada abismo,
un poquito de ensueño...

UNA FLOR DEL CAMINO

La muerta resucita cuando a tu amor me asomo;
la encuentro en tus miradas inmensas y tranquilas,
y en toda tú... Sois ambas tan parecidas como
tu rostro, que dos veces se copia en mis pupilas.

Es cierto: aquélla amaba la noche radiosa,
y tú siempre en las albas tu ensueño complaciste.
(Por eso era más lirio, por eso eres más rosa.)
Es cierto, aquélla hablaba: tú vives silenciosa
Y aquélla era más pálida; pero tú eres más triste.

UNA FLOR DEL CAMINO

Tuvo razón tu abuela con su cabello cano,
muy más que tú con rizos en que se enrosca el día,
para templar la fiebre de tu reir insano
con el fulgor de luna de su melancolía.

Aun me parece verla contar con mano seca
y trémula su viejo rosario de amatistas
al claro de las tardes, o hilándose en la rueca
—¡la pálida hilandera!—recuerdos y batistas.

Tú en tanto, acurrucada junto a sus pies, con manos
más firmes que las suyas, pero no más hermosas,
de nuestra reina Blanca de Nieve y sus enanos
desflorabas las bellas páginas milagrosas.

Hoy, si te viera presa de bravas agonías
ella, que duerme al cabo cubierta por las flores,
quizá te suspirara su queja: «Ya no rías
así, que tengo miedo de que mañana llores.»

Mas tú reías siempre con ímpetu que espanta;
tu carcajada estaba, como en las saturnales,
presta a sonar un áureo repique en tu garganta
o entre tus labios, vivas campanas de corales.

Y al fin dilapidaste tus júbilos, María;
cuitada juglaresa, tus crótalos perdiste.
Tuvo razón tu abuela que nunca se reía:
ya ves, vivió cien años y siempre estuvo triste.

DIAFANIDAD

Yo soy un alma pensativa. ¿Sabes
lo que es un alma pensativa?—Triste,

pero con esa fría
melancolía
de las suaves
diafanidades. Todo lo que existe,
cuando es diáfano, es sereno y triste.
      —¡Sabino peregrino
que contempla en las vivas
transparencias del agua vocinglera
    todas las fugitivas
metamorfosis de su cabellera,
    peregrino sabinol
—Nube gemela de su imagen, nube
que navega en las fuentes y que en el cielo sube.
—Dios, en hondo mutismo,
viéndose en el espejo de sí mismo.

La Vida toca
como una loca
trasnochadora:
«Abridme, es hora!»
«Desplegad los oídos—rimadores,
a todos los ruidos—exteriores.»
    «Despliega tus oídos
    a todos los ruidos.»
Mi alma no escucha, duermen mis sentidos.
Mi espíritu y mi oreja están dormidos.

—El pecado del río es su corriente;
    la quietud, alma mía,
    es la sabiduría

de la fuente.
Los astros tienen miedo
de ñaufragar en el perenne enredo
del agua que se riza en espirales;
cuando el agua está en éxtasis, bajan a sus cristales.

Conciencia,
sé clara;
pero con esa rara
inconsistencia
de toda proyección en un espejo,
devuelve a la importuna
vida, sólo un reflejo
de su paso furtivo ante tu «luna»
Alma, tórnate onda
para que cada flor y cada fronda
copien en tí su fugitiva huella;
para que cada estrella
y cada nube hirsuta
se equivoquen de ruta,
y en tu claro caudal encuentren una
prolongación divina de su abismo:
que así, merced a singular fortuna,
el infinito y tú seréis lo mismo.

EN FLANDES

El Clavicordio—dijo Clara, la pensativa,
que del viejo castillo gusta ser la cautiva

y mirar silenciosa, en los campos escuetos,
las blancas ramazones de los blancos abetos,—
es grato a mi alma como la dulce paz campestre,
y como las caricias de mi burgomaestre.
  Dijo Adela, festiva mujer de rizos de oro,
la de opulentos flancos y tez de flor:—Adoro
el son de los violines heridos sabiamente
en la «kermesse», al rayo del sol auricadente;
los violines magyares a cuyas blandas notas
bailo, en los frescos «P o l d e r s», minuetos y gavotas.
  Dijo Balduina Van der Rotten:— Más que mis finas
blondas de Brujas, más que mis cofias de Malinas,
más que mis granjas úberes y que mis gordos quesos,
amo y busco la musica sonora de los besos.—
Así dijo Balduina, la joven rubicunda,
y entreabría sus labios una risa jocunda.
  Yo fuí juez, y anhelando ser un juez halagüeño,
dije:—Tú, Clara, eres la reina del Ensueño:
irás al son de flautas y pájaros que troven
al país de Mozart y el marmóreo Beethoven.
Tú, Adela, en tanto que tu existencia se enhebre,
hallarás en la danza la gloria de la fiebre.
Tus ilusiones, fuga vivaz de mariposas,
pasarán por la vida como sobre las rosas.
Balduina, que prefieres los besos a las artes,
en cuanto a ti, elegiste la mejor de las partes.

  En premio de mi fallo, Clara dióme su alada
pasión; Adela, el vértigo de su ronda sagrada,

y Balduina, los besos de su boca divina.
Yo era, íntimamente, del gusto de Balduina.

EN BOHEMIA

Gitana, flor de Praga: diez «kreutzers» si me besas.
En tanto que tu osezno fatiga el tamboril,
esgrimen los «kángiares» las manos juglaresas,
y lloran guzla y flauta,—tus labios dame, fresas
              de Abril.
Apéate del asno gentil que encascabelas:
los niños atezados, que bailan churumbelas,
harán al beso coro con risas de cristal.
Por Dios, deja tu rueca de cobre, y a mi apremio
responde. Si nos mira tu zingaro bohemio,
no temas: ¡en Dalmacia forjaron mi puñal!

ALMA DE ITALIA

Para librarme de lo imprevisto,
cuando mi estancia se queda sola,
guardo en mis ropas un Santo-Cristo,
un Santo-Cristo y una pistola.

«Si quien me acecha, siendo un malvado,
también es hombre de religión,
valdréle el Cristo crucificado:
si no, el revólver de doble acción.

»Yo soy un alma que el miedo asedia;
mas ¡guay del hombre que me maltrata!
Como los frailes de la Edad Media,
la propia mano bendice o mata.

»Y por librarme de lo imprevisto,
cuando mi estancia se queda sola,
guardo en mis ropas un Santo-Cristo,
un Santo-Cristo y una pistola.»

AINÓ ACKTÉ

Ainó Ackté, lirio del Norte,
Ainó Ackté, gran rosa-té;
sueño de los fiords, consorte
de los vikings.—Ainó Ackté:

Ducal armiño de Suecia,
flor de hielo, alburas de
las «i n m o r t a l e s» de Helvecia;
ojos de azur.—Ainó Ackté:

En su garganta de cera
esconde ·al ruisenor que
oía Luis de Baviera
entre la nieve.—Ainó Ackté:

Es la blanca «S i n f o n í a»
del viejo Theo Gautier.

Ainó Ackté: ¡Quién fuera un día
amado por Ainó Ackté!

RÔDEUSE

Si te tornan pensativa los desastres de las hojas
que revuelan crepitando por el amplio bulevar;
si los cierzos te insinúan no sé qué vagas congojas
y nostalgias imprecisas y deseos de llorar;

si el latido luminoso de los astros te da frio;
si incurablemente triste ves al Sena resbalar,
y el reflejo de los focos escarlata sobre el río
se te antoja que es la estela de algún trágico navío
donde llevan los ahogados de la Morgue a sepultar;

¡Pobrecita! Ven conmigo: deja ya las puentes yermas.
Hay un alma en estas noches a las tísicas hostil,
y un vampiro disfrazado de galán que busca enfermas,
que corteja a las que tosen y que, a poco que te duermas,
chupará con trompa inmunda tus pezones de marfil.

Y EL BUDHA DE BASALTO SONREÍA...

Aquella tarde, en la Alameda, loca
de amor, la dulce idolatrada mía
me ofreció la eglantina de su boca.

Y el Budha de basalto sonreía...

Otro vino después, y sus hechizos
me robó; dila cita, y en la umbría
nos trocamos epístolas y rizos.

Y el Budha de basalto sonreía...

Hoy hace un año del amor perdido;
al sitio vuelvo, y como estoy rendido
tras largo caminar, trepo a lo alto
del zócalo en que el símbolo reposa.

Derrotado y sangriento muere el día,
y en los brazos del Budha de basalto
me sorprende la luna misteriosa.

Y el Budha de basalto sonreía...

ESPERANZA

¡Oh, sí! yo tornaré, París divino!
—¿En qué nave?
—Dios sabe...
¡Yo no sé!
Mas sé que ni la vida ni el destino
impedirlo podrán. Es un camino
fatal el que nos une. Tornaré.

Veré tus bosques tranquilos
en que dormitan los tilos.
Veré tus parques espesos
llenos de citas y besos.
Veré
¡todo, todo lo que amé!

Yo tornaré. Me aguardan los castaños
de un verde transparente, los huraños
muelles mohosos de tu grácil río.
Lejos de ti mis años no son años:
son nostalgia y pasión y angustia y frío...

Veré tus brumas livianas
que te arropan como en tules,
en tus divinas mañanas
azules.
Veré tus abriles breves,
llenos de aromas y broches,
y el armiño de tus nieves,
y la plata de tus noches.
Veré
¡todo, todo lo que amé!

¡Oh, sí, yo tornaré...! Mas si no alcanza
mi alma esta dulce aspiración suprema,
¿qué haré? ¡Clavar, sañudo, mi esperanza
en el ancla divina, que es su emblema!

GLOSA

Estoy triste y sereno ante el paisaje,
y desasido estoy de toda cosa.
Ven, ya podemos emprender el viaje
a través de la tarde misteriosa.

Lleno parto de amores y de olvido:
olvido inmenso para todo ultraje,
y amor inmenso a los que me han querido.
El mar finge un titán de azur, dormido...
Estoy triste y sereno ante el paisaje.

Trabajé, padecí, fuí peregrino,
resignado; en mi ruta borrascosa
vi los bienes y males del destino
como se ven las flores del camino,
y desasido estoy de toda cosa

¡Oh, mi Señor!, tu juicio no me asusta:
ni llevo honores ni riquezas traje,
y fué mi vida de pasión adusta.
Cuán serena la tarde y cuán augusta...
¡Ven, ya podemos emprender el viaje!

Los astros que nos miran de hito en hito,
parecen, con pestaña luminosa,
invitarnos al viaje que está escrito:
ese viaje sereno al infinito,
a través de la tarde misteriosa.

LIRA HEROICA

LA RAZA DE BRONCE

Leyenda heróica dicha el 19 de Ju-
lio de 1902, en la Cámara de Diputa-
dos, en honor de Juárez.

I

Señor, deja que diga la gloria de tu raza,
la gloria de los hombres de bronce, cuya maza
melló de tantos yelmos y escudos la osadía.
Oh «caballeros tigres», oh «caballeros leones»,
oh «caballeros águilas», os traigo mis canciones;
oh enorme raza muerta, te traigo mi elegía.

II

Aquella tarde, en el Poniente augusto,
el crepúsculo audaz era una pira
como de algún atrida o de algún justo;

llamarada de luz o de mentira
que incendiaba el espacio, y parecía
que el sol, al estrellar sobre la cumbre
su mole vibradora de centellas,
se trocaba en mil átomos de lumbre,
y esos átomos eran las estrellas.

Yo estaba solo en la quietud divina
del Valle. ¿Solo? ¡no! La estatua fiera
del héroe Cuauhtemoc, la que culmina
disparando su dardo a la pradera,
bajo el palio de pompa vespertina,
era mi hermana y mi custodio era.

Cuando vino la noche misteriosa,
—jardín azul de margaritas de oro—
y calló todo ser y toda cosa,
cuatro sombras llegaron a mí en coro;
cuando vino la noche misteriosa,
—jardín azul de margaritas de oro.—

Llevaban una túnica esplendente,
y eran tan luminosamente bellas
sus carnes, y tan fúlgida su frente,
que prolongaban para mí el Poniente
y eclipsaban la luz de las estrellas.

Eran cuatro fantasmas, todos hechos
de firmeza, y los cuatro eran colosos
y fingían estatuas, y sus pechos
radiaban como bronces luminosos.

Y los cuatro entonaron almo coro...
Callaba todo ser y toda cosa;
y arriba, era la noche misteriosa,
—jardín azul de margaritas de oro.—

III

Ante aquella visión que asusta y pasma,
yo, como Hamlet, mi doliente hermano,
tuve valor e interrogué al fantasma;
mas mi espada temblaba entre mi mano.

—¿Quién sois vosotros, exclamé, que en presto
giro bajáis al Valle mexicano?
Tuve valor para decirles esto;
mas mi espada temblaba entre mi mano.

¿Qué abismo os engendró? de qué funesto
limbo surgís? Sois seres, humo vano?
Tuve valor para decirles esto;
mas mi espada temblaba entre mi mano...!

—Responded,—continué.—Miradme enhiesto
y altivo y burlador ante el arcano.
Tuve valor para decirles esto;
¡mas mi espada temblaba entre mi mano...!

IV

Y un espectro de aquéllos, con asombros
vi que vino hacia mí, lento y sin ira,

y llevaba una piel sobre los hombros
y en las pálidas manos una lira;
y me dijo con voces resonantes
y en una lengua rítmica que entonces
comprendí:—«¿Que quién somos? Los gigantes
de una raza magnífica de bronces.

«Yo me llamé Netzahualcoyotl y era
rey de Texcoco; tras de lid artera,
fuí despojado de mi reino un día,
y en las selvas erré como alimaña,
y el barranco y la cueva y la montaña
me enseñaron su augusta poesía.

«Torné después a mi sitial de plumas,
y fuí sabio y fuí bueno; entre las brumas
del paganismo adiviné al Dios Santo;
le erigi una pirámide, y en ella,
siempre al fulgor de la primera estrella
y al son del «huehuetl», le elevé mi canto»

V

Y otro espectro acercóse; en su derecha
llevaba una «macana», y una fina
saeta en su carcaje, de ónix hecha;
coronaban su testa plumas bellas,
y me dijo:—«Yo soy Ilhuicamina,
sagitario del éter, y mi flecha
traspasa el corazón de las estrellas.

«Yo hice grande la raza de los lagos,
yo llevé la conquista y los estragos
a vastas tierras de la patria andina,
y al tornar de mis bélicas porfías
traje pieles de tigre, pedrerías
y oro en polvo... Yo soy Ilhuicamina!»

V I

Y otro espectro me dijo:—«En nuestros cielos
las águilas y yo fuimos gemelos:
¡Soy Cuauhtemoc! Luchando sin desmayo
caí... porque Dios quiso que cayera!
mas caí como el águila altanera:
viendo al sol, y apedreada por el rayo.

«El español martirizó mi planta
sin lograr arrancar de mi garganta
ni un grito, y cuando el rey mi compañero
temblaba entre las llamas del brasero:
—¿Estoy yo, por ventura en un deleite?
le dije, y continué, sañudo y fiero,
mirando hervir mis pies en el aceite...»

V I I

Y el fantasma postrer llegó a mi lado:
no venía del fondo del pasado
como los otros; mas del bronce mismo
era su pecho, y en sus negros ojos

fulguraba, en vez de ímpetus y arrojos,
la tranquila frialdad del heroísmo.

Y parecióme que aquel hombre era
sereno como el cielo en primavera
y glacial como cima que acoraza
la nieve, y que su sino fué, en la historia,
tender puentes de bronce entre la gloria
de la raza de ayer y nuestra raza.
    Miróme con su limpida mirada,
y yo le vi sin preguntarle nada.
Todo estaba en su enorme frente escrito:
la hermosa obstinación de los castores,
la paciencia divina de las flores
y la heroica dureza del granito...
¡Eras tú, mi Señor, tú que soñando
estás en el panteón de San Fernando
bajo el dórico abrigo en que reposas;
eras tú que, en tu sueño peregrino,
ves marchar a la Patria en su camino,
rimando risas y regando rosas!

    Eras tú, y a tus pies cayendo al verte:
—Padre, te murmuré, quiero ser fuerte:
dame tu fe, tu obstinación extraña;
quiero ser como tú, firme y sereno;
quiero ser como tú, paciente y bueno;
quiero ser como tú, nieve y montaña.
Soy una chispa: ¡enséñame a ser lumbre!
soy un guijarro: ¡enséñame a ser cumbre!

soy una linfa: ¡enséñame a ser río!
soy un harapo: ¡enséñame a ser gala!
soy una pluma: ¡enséñame a ser ala,
y que Dios te bendiga, padre mío!

⌐ VIII

Y hablaron tus labios, tus labios benditos,
y así respondieron a todos mis gritos,
a todas mis ansias:—«No hay nada pequeño,
ni el mar ni el guijarro, ni el sol ni la rosa,
con tal de que el sueño, visión misteriosa,
le preste sus nimbos, ¡y tú eres el Sueño!»

«Amar, eso es todo; querer; todo es eso!
Los mundos brotaron al eco de un beso,
y un beso es el astro, y un beso es el rayo,
y un beso la tarde, y un beso la aurora,
y un beso los trinos del ave canora
que glosa las fiestas divinas de Mayo.

«Yo quise a la Patria por débil y mustia,
la Patria me quiso con toda su angustia,
y entonces nos dimos los dos un gran beso:
los besos de amores son siempre fecundos;
un beso de amores ha creado los mundos;
amar... ¡eso es todo! querer... ¡todo es eso!»

Así me dijeron tus labios benditos,
así respondieron a todos mis gritos,

a todas mis ansias y eternos anhelos.
Después, los fantasmas volaron en coro,
y arriba los astros,—poetas de oro,—
pulsaban la lira de azur de los cielos.

I X

Mas al irte, Señor, hacia el ribazo
donde moran las sombras, un gran lazo
dejabas, que te unía con los tuyos,
un lazo entre la tierra y el arcano,
y ese lazo era otro indio: Altamirano;
bronce también, mas bronce con arruyos.

Nos le diste en herencia, y luego, Juárez
te arropaste en las noches tutelares
con tus amigos pálidos; entonces,
comprendiendo lo eterno de tu ausencia,
repitieron mi labio y mi conciencia:
—Señor, alma de luz, cuerpo de bronces.

Soy una chispa: ¡enséñame a ser lumbre!
Soy un guijarro: ¡enséñame a ser cumbre!
soy una linfa: ¡enséñame a ser río!
soy un harapo: ¡enséñame a ser gala!
soy una pluma: ¡enséñame a ser ala,
y que Dios te bendiga, padre mío!

Tú escuchaste mi grito, sonreíste
y en lo sombra infinita te perdiste
cantando con los otros almo coro.

Callaba todo ser y toda cosa;
y arriba, era la noche misteriosa:
jardín azul de margaritas de oro...

LOS CINCO SENTIDOS

(CANCIONES ESCOLARES)

NIÑITO, VEN

I

Niñito, ven; puras y bellas
van las estrellas a salir.
¡Y cuando salen las estrellas,
los niños buenos, a dormir!

II

Niñito, ven; tras de la loma
la blanca luna va a asomar;
¡cuando la blanca luna asoma,
los niños buenos, a soñar!

III

Niñito, ven; ya los ganados
entran mugiendo en el corral.

Cierra tus ojos fatigados
en el regazo maternal.

IV

Niñito, ven; sueña en las rosas
que el viento agita en su vaivén;
sueña en las blancas mariposas...
¡Niñito, ven! ¡Niñito, ven!

LAS BODAS DE LA MARIPOSA

I

Te vamos a casar,
mariposa de colores,
te vamos a casar.
Tus madrinas serán flores.
—¿Y por qué me he de casar
sin hacerme de rogar?
—Te vamos a casar,
mariposa de colores,
te vamos a casar;
las madrinas serán flores.

II

—Yo—dice el caracol—
te daré para mansión,
amiga tornasol,

te daré mi habitación.
—Lo que da un amigo fiel,
yo lo acepto siempre de él.
—Yo—dice el caracol—
te daré para mansión,
amiga tornasol,
te daré mi habitación.

III

—Yo—dijo la hormiguita—,
de mi rica provisión,
te daré una migajita
y de granos un montón.
—¡Oh, qué buena comidita!
¡Oh, qué gran «comilitón».
—Yo—dijo la hormiguita—,
de mi rica provisión,
te daré una migajita,
y de granos un montón.

IV

La abeja de oro habló:
—Te dare mi mejor miel.
La abeja de oro habló:
—Te regalo el postre yo.
Gracias mil, abeja fiel.
¡Y qué buena que es tu miel!

La abeja de oro habló:
—Te daré postre de miel.
La abeja de oro habló:
—Te daré mi postre yo.

V

　　—Yo—el grillo—iré a tu fiesta
para tocar mi guitarra.
—Completaré la orquesta—
dijo luego la cigarra.
—Gracias, grillo, no está mal;
Cigarrita, está muy bien.
—Yo llevo mi timbal.
—Yo mi pífano también.
Grillito, no está mal;
Cigarrita, está muy bien.

VI

　　—Por tí voy a brillar—
el cocuyo prometió—,
pues quiero iluminar
tus bodas sin cesar.
—Gracias a todos y a todas;
serán soberbias mis bodas.
Me quiero ya casar.
—Por ti voy a brillar—
el cocuyo prometió—,
No te hagas ya rogar.

EL PUENTE

¡Qué hermoso se ve el puente
de piedra sobre el río!
Abajo la corriente
y arriba el caserío.
¡Qué hermoso se ve el puente
de piedra sobre el río!

¡BUEN VIAJE!

Con la mitad de un periódico
hice un buque de papel,
y en la fuente de mi casa
va navegando muy bien.

Mi hermana con su abanico
sopla que sopla sobre él.
¡Muy buen viaje, muy buen viaje,
buquecito de papel!

DUÉRMETE YA

Llegó la noche, la luna
de plata brillando está,
ningún rumor te importuna,
tu madre mece tu cuna;
    duérmete ya...

¿Ves cómo cada vidriera
iluminándose va?
Ni un alma cruza la acera,
todo es misterioso afuera;
    duérmete ya...

El jardín, de tan sombrío
y quieto, pavor me da.
Las ramas tiemblan de frío;
cierra los ojos, bien mío;
    duérmete ya...

Si duermes pronto, mi dueño,
tu ángel guardián te traerá
un ensueño tan risueño
que será el más lindo ensueño
que un niño soñado ha.
    Duérmete pronto, mi dueño;
    duérmete ya...

NOCHE BUENA

Pastores y pastoras,
abierto está el edén.
¿No oís voces sonoras?
Jesús nació en Belén.

La luz del cielo baja,
el Cristo nació ya,
y en un nido de paja
como avecilla está.

El niño está friolento;
oh noble buey:
arropa con tu aliento
al niño rey.

Los cantos y los vuelos
invaden la extensión,
y están de fiesta cielos
y tierra... y corazón.

Resuenan voces puras
que cantan en tropel:
¡Hosanna en las alturas
al Justo de Israel!

Pastores, en bandada
venid, venid,
a ver a la anunciada
flor de David.

La luz del cielo baja,
el Cristo nació ya,
y en un nido de paja
como avecilla está.

YA LLEGÓ ABRIL

CORO

El ave canta en el boscaje,
la flor revienta en el pensil,
el campo estrena nuevo traje.
¡Ya llegó Abril, ya llegó Abril!

UNA VOZ

La luz, cuando amanece,
finge un jardín sin par;
la noche resplandece
como un inmenso altar.

CORO

La brisa lleva suave aroma
en su impalpable ala sutil;
llora en el bosque la paloma.
¡Ya llegó Abril, ya llegó Abril!

UNA VOZ

Palpitan los renuevos
del prado en la extensión,
y brotan de los huevos
el ala y la canción.

CORO

La luna baña el bosque obscuro
en palideces de marfil,
desde el azul diáfano y puro.
¡Ya llegó Abril, ya llegó Abril!

UNA VOZ

Las blancas mariposas
de alitas de azahar,
como almas de las rosas
revuelan sin cesar.

CORO

El chupamirto con donaire
bate su leve ala gentil,
como dorada flor del aire.
¡Ya llegó Abril, ya llegó Abril!

LA ALEGRE CANCIÓN DE LA MONTAÑA

CORO

Llegó la luz serena,
y a levantarme voy.
La noche se aleja como una gran pena;
¡qué alegre que estoy!

UNA VOZ

Los pájaros en coro
cantan sus alegrias;
las jaulas vibran como arpas de oro.
Hermanos pájaros, ¡muy buenos días!

OTRA VOZ

Las gotas de rocío
comienzan a temblar

cual si tuviesen frío;
las rosas más hermosas del jardincito mío
con esos diamantes van a hacerse un collar.

OTRA VOZ

El hilo del agua, la trémula brisa
sus más alegres cosas empiezan a decir.
El cielo resplandece como una gran sonrisa,
¡qué bello es vivir!

CORO

Llegó la luz serena, etc...

MÍSTICAS

GÓTICA

Para Balbino Dávalos

Solitario recinto de la abadía;
tristes patios, arcadas de recias claves,
desmanteladas celdas, capilla fría
de historiados altares, de sillería
de roble, domo excelso y obscuras naves.

Solitario recinto: cuántas pavesas
de amores que ascendieron hasta el pináculo
donde mora el Cordero, guardan tus huesas...
Heme aquí con vosotras, las abadesas
de cruces pectorales y de áureo báculo...

Enfermo de la vida, busco la plática
con Dios, en el misterio de su santuario;
tengo sed de idealismo... Legión extática,

de monjas demacradas de faz hierática,
decid: ¿aun vive Cristo tras el sagrario?

Levantáos del polvo, llenad el coro;
los breviarios aguardan en los sitiales;
que vibre vuestro salmo limpio y sonoro,
en tanto que el Poniente nimba de oro
las testas de los santos en los vitrales...

¡Oh claustro silencioso, cuántas pavesas
de amores que ascendieron hasta el pináculo
donde mora el Cordero, guardan tus huesas!...
Oraré mientras duermen las abadesas
de cruces pectorales y de áureo báculo...

A P O C A L Í P T I C A

> Y juró por el que *vive* en los *siglos* de
> los *siglos*, que no habrá más tiempo...

Y vi las sombras de los que fueron,
en sus sepulcros, y así clamaron:
«¡Ay de los vientres que concibieron!
¡Ay de los senos que amamantaron!»

«La noche asperja los cielos de oro;
mas cada estrella del negro manto

es una gota de nuestro lloro...
¿Verdad que hay muchas? ¡Lloramos tanto!...»

«¡Ay de los seres que se quisieron
y en mala hora nos engendraron!
«¡Ay de los vientres que concibieron!
¡Ay de los senos que amamantaron!»

Huí angustiado, lleno de horrores;
pero la turba conmigo huía,
y con sollozos desgarradores
su «ritornello» feroz seguía:

«¡Ay de los seres que se quisieron
y en mala hora nos engendraron!
«¡Ay de los vientres que concibieron!
¡Ay de los senos que amamantaron!»

Y he aquí los astros—chispas de fraguas
del viejo Cosmos!—que descendían
y, al apagarse sobre las aguas,
en hiel y absintio las convertían.

Y a los fantasmas su voz unieron
los «Siete Truenos; estremecieron
el Infinito, y así clamaron:
«¡Ay de los vientres que concibieron!
¡Ay de los senos que amamantaron!»

A RANCÉ, REFORMADOR DE LA TRAPA
(1626-1700)

Para el padre Pagaza

Es preciso que tornes de la esfera sombría
con los flavos destellos de la luna, que escapa,
cual la momia de un mundo, de la azul lejanía;
es preciso que tornes y te vuelvas mi guía
y me des un refugio, ¡por piedad!, en la Trapa.

Si lo mandas, ¡oh padre!, si tu regla lo ordena,
cavaré por mi mano mi sepulcro en el huerto,
y al amparo infinito de la noche serena
vagaré por sus bordes como el ánima en pena,
mientras lloran los bronces con un toque de muerto...

La leyenda refiere que tu triste mirada
extinguía los duelos y las ansias secretas,
y yo guardo aquí dentro, como en urna cerrada,
desconsuelos muy hondos, mucha hiel concentrada,
y la fiera nostalgia que tocó a los poetas

Viviré de silencio—«el s i l e n c i o   e s   l a p l á t i c a
c o n   J e s ú s», escribiste: tal mi plática sea—,
y mezclado a tus frailes, con su turba hierática
gemirá «D e p r o f u n d i s» la voz seca y asmática
que fué verbo: ese verbo que subyuga y flamea!

Ven, abad incurable, gran asceta, yo quiero
anegar mis pupilas en las tuyas de acero,
aspirar el efluvio misterioso que escapa
de tus miembros exangües, de tu rostro severo,
y sufrir el contagio de la paz de tu Trapa!

MATER ALMA

Que tus ojos radien sobre mi destino,
que tu veste nivea, que la luz orló,
ampare mis culpas del torvo Dios Trino:
¡Señora, te amo! Ni el grande Agustino
ni el tierno Bernardo te amaron cual yo!

Que la luna, octante de bruñida plata,
escabel de plata de tu pie real,
por mi noche bogue, por mi noche ingrata,
y en su sombra sea místico fanal.

Que los albos lises de tu vestidura
el erial perfumen de mi senda dura,
y por ti mi vida brillará tan pura
cual los lises albos de tu vestidura.

Te daré mis versos: floración tardía;
mi piedad de niño: floración de Abril;
e irán a tu solio, dulce madre mía,

mis castos amores en blanca theoria,
con cirio en las manos y toca monjil.

TRANSMIGRACIÓN

MMMM ant. Christ.
MDCCC post. Christ

A veces, en sueños, mi espíritu finge
escenas de vidas lejanas:
yo fui
un sátrapa egipcio de rostro de esfinge,
de mitra dorada, y en Menfis viví.

Ya muerto, mi alma siguió el vuelo errático,
ciñendo en Solima, y a Osiris infiel,
la mitra bicorne y el efod hierático
del gran sacerdote del Dios de Israel.

Después, mis plegarias alcé con el druida,
y en bosque sagrado Velleda me amó.
Fui rey merovingio de barba florida;
corona de hierro mi sien rodeó.

Más tarde, trovero de nobles feudales,
canté sus hazañas, sus lances de honor,
yanté a la su mesa, y en mil bacanales
sentíme beodo de vino y de amor.

Y ayer, prior esquivo y austero, los labios
al Dios eucaristico, temblando, acerqué:
por eso conservo piadosos resabios,
y busco el retiro siguiendo a los sabios
y sufro nostalgias inmensas de fe.

DELICTA CARNIS

Carne, carne maldita que me apartas del cielo
carne tibia y rosada que me impeles al vicio:
ya rasgué mis espaldas con cilicio y flagelo
por vencer tus impulsos, y es en vano, ¡te anhelo
a pesar del flagelo y a pesar del cilicio!

Crucifico mi cuerpo con sagrados enojos,
y se abraza a mis plantas Afrodita la impura;
me sumerjo en la nieve, mas la templan sus ojos;
me revuelco en un tálamo de punzantes abrojos,
y sus labios lo truecan en deleite y ventura.

Y no encuentro esperanza, ni refugio ni asilo,
y en mis noches, pobladas de febriles quimeras,
me persigue la imagen de la Venus de Milo,
con sus lácteos muñones, con su rostro tranquilo
y las combas triunfales de sus amplias caderas.

¡Oh Señor Jesucristo, guíame por los rectos
derroteros del justo; ya no turben con locas
avideces la calma de mis puros afectos
ni el caliente alabastro de los senos erectos,
ni el marfil de los hombros ni el coral de las bocas!

ANTÍFONA

Anima loquens

Para Antenor Lescano

Oh Señor, yo en tu Cristo busqué un esposo que me quisiera,
le ofrendé mis quince años, mi sexo núbil; violó mi boca,
y por El ha quedado mi faz de nácar como la cera,
mostrando palideces de viejo cirio bajo mi toca.

¡Mas Satán me persigue y es muy hermoso! Viene de fuera
y ofreciéndome el cáliz de la ignominia, me vuelve loca...
¡Oh Señor! no permitas que bese impío mi faz de cera,
que muestra palideces de viejo cirio bajo mi toca...

Ya en las sombras del coro cantar no puede mi voz austera
los litúrgicos salmos, mi alma está estéril como una roca;
mi virtud agoniza, mi fe sucumbe, Satán espera...
¡Oh Señor, no permitas que bese impío mi faz de cera
que muestra palideces de viejo cirio bajo mi toca!

A SOR QUIMERA

Para Luis G. Urbina

Pallída, sed quamvis pallína pulchra
tamen.

En nombre de tu rostro de lirio enfermo,
en nombre de tu seno, frágil abrigo
donde en noches pobladas de espanto duermo,
        ¡yo te bendigo!

En nombre de tus ojos de adormideras,
doliente y solitario fanal que sigo;
en nombre de lo inmenso de tus ojeras,
        ¡yo te bendigo!

        Yo te dedico
el ímpetu orgulloso con que en las cimas
de todos los calvarios, me crucifico,
iluso ¡pretendiendo que te redimas!

        Yo te consagro
un cuerpo que martirio sólo atesora
y un alma siempre obscura, que por milagro,
del cáliz de ese cuerpo no se evapora...

Mujer, tu sangre yela mi sangre cálida;
mujer, tus besos fingen besos de estrella;
mujer, todos me dicen que eres muy pálida,
pero muy bella...

Te hizo el Dios tremendo mi desposada;
ven, te aguardo en un lecho nupcial de espinas;
no puedes alejarte de mi jornada,
porque une nuestras vidas ensangrentada
cadena de cilicios y disciplinas.

A FELIPE II

Para Rafael Delgado.

Ignoro qué corriente de ascetismo,
qué relación, qué afinidad ímpura
enlazó tu tristura y mi tristura
y adunó tu idealismo y mi idealismo;

Mas sé por intuición que un astro mismo
ha presidido nuestra noche obscura,
y que en mí como en ti libra la altura
un combate fatal con el abismo.

¡Oh rey, eres mi rey! Hosco y sañudo
también soy; en un mar de arcano duelo
mi luminoso espíritu se pierde,

Y escondo como tú, soberbio y mudo,
bajo el negro jubón de terciopelo,
el cáncer implacable que me muerde.

ANATHEMA SIT

Para Jesús Urueta.

Si negare alguno que Santa María,
del Dios Paracleto paloma que albea,
concibió sin mengua de su doncellía,
¡anatema sea!

Anatema los que burlan el prodigio sin segundo
de la flor intacta y úber que da fruto siendo yema;
que los vientres que conozcan, como légamo infecundo,
no les brinden sino espurias floraciones. ¡Anatema!

Si alguno dijere que Cristo divino
por nos pecadores no murió en Judea
ni su cuerpo es hostia ni su sangre vino,
¡anatema sea!

Anatema los que ríen de oblaciones celestiales
en que un Dios, «loco de amores,» es la victima suprema;
que no formen para ellos ni su harina los trigales
ni sus néctares sabrosos los viñedos. ¡Anatema!

Si alguno afirmare que el alma no existe,
que en los cráneos áridos perece la idea,
que la luz no surge tras la sombra triste,
¡anatema sea!

Anatema los que dicen al mortal que tema y dude,
anatema los que dicen al mortal que dude y tema;
que en la noche de sus duelos ni un cariño los escude
ni los bese la esperanza de los justos. ¡Anatema!

A KEMPIS

Sicut nubes, quasi naves,
velut umbra...

Ha muchos años que busco el yermo,
ha muchos años que vivo triste,
ha muchos años que estoy enfermo,
¡y es por el libro que tú escribiste!

¡Oh Kempis! antes de leerte, amaba
la luz, las vegas, el mar Oceano;
mas tú dijiste que todo acaba,
que todo muere, que todo es vano!

Antes, llevado de mis antojos,
besé los labios que al beso invitan,

las rubias trenzas, los grandes ojos,
¡sin acordarme que se marchitan!

Mas como afirman doctores graves,
que tú, maestro, citas y nombras,
que el hombre pasa «c o m o   l a s   n a v e s,
c o m o   l a s   n u b e s, c o m o   l a s   s o m b r a s...»

Huyo de todo terreno lazo,
ningún cariño mi mente alegra,
y con tu libro bajo del brazo
voy recorriendo la noche negra...

¡Oh Kempis, Kempis, asceta yermo,
pálido asceta, qué mal me hiciste!
¡Ha muchos años que estoy enfermo,
y es por el libro que tú escribiste!

POETAS MÍSTICOS

Para Jesús E. Valenzuela.

Bardos de frente sombría
y de perfil desprendido
de alguna vieja medalla;

Los de la gran señoría,
los de mirar distraído,
los de la voz que avasalla.

Teólogos graves e intensos,
vasos de amor desprovistos,
vasos henchidos de penas;

Los de los ojos inmensos,
los de las caras de cristos,
los de las grandes melenas:

Mi musa, la virgen fría
que vuela en pos del olvido,
tan sólo embelesos halla

En vuestra gran señoría,
vuestro mirar distraído
y vuestra voz que avasalla;

Mi alma que os busca entrevistos
tras de los leves inciensos,
bajo las naves serenas,

Ama esas caras de cristos,
ama esos ojos inmensos,
ama esas grandes melenas!

A LA CATÓLICA MAJESTAD DE PAUL VERLAINE

Para Rubén Darío.

Padre viejo y triste, rey de las divinas canciones:
son en mi camino focos de una luz enigmática
tus pupilas mustias, vagas de pensar y abstracciones,
y el límpido y noble marfil de tu «testa socrática»

Flota como el tuyo mi afán entre dos aguijones:
alma y carne, y brega con doble corriente simpática
por hallar la ubicua beldad en nefandas uniones,
y después expia y gime con lira hierática.

Padre, tú que hallaste por fin el sendero que, arcano,
a Jesús nos lleva, dame que mi numen doliente-
«virgen» sea y «sabio» a la vez que «radioso y humano»

Tu virtud lo libre del mal de la antigua serpiente,
para que, ya salvos al fin de la dura pelea,
laudemos a Cristo en vida perenne. Así sea.

VENITE, ADOREMUS

Para Antonio Zaragoza.

Adoremos las carnes de marfiles,
adoremos los rostros de perfiles
arcaicos: aristócrata presea;
las frentes de oro pálido bañadas,
las manos de falanges prolongadas,
donde la sangre prócer azulea.

Venid, adoremos
el arcano Ideal, compañeros.

Adoremos los ojos dilatados,
cual piélago de sombras, impregnados
de claridades diáfanas y astrales,
los ojos que abrillanta el histerismo,
los ojos que en el día son abismo,
los ojos que en la noche son fanales.

Venid, adoremos
el arcano Ideal, compañeros.

Adoremos las almas siempre hurañas,
las almas silenciosas, las extrañas
que jamás en amores se difunden:
almas-urnas de inmensos desconsuelos,

que intactas se remontan a los cielos,
o intactas en el cócito se hunden.

Venid, adoremos
el arcano Ideal, compañeros.

¡Oh poetas, excelsos amadores
del arcano Ideal, dominadores
de la forma rebelde: laboremos
por reconstruir los góticos altares,
y luego a sus penumbras tutelares
venid, adoremos!

UN PADRE NUESTRO

Por el alma del Rey Luís de Baviera, en lugar de su tránsito.
Schlossberg. Reino de Baviera.

Aquí fué donde el rey Luis Segundo
de Baviera, sintiendo el profundo
malestar de invencibles anhelos,
puso fin a su imperio en el mundo.

«Padre nuestro que estás en los cielos.»

Un fanal con un Cristo, en un claro
del gran parque, al recuerdo da amparo,
y al caer sobre el lago los velos
de la noche, el recuerdo es un faro.

«Padre nuestro que estás en los cielos»

En el lago tiritan las ondas,
en el parque se mueren las frondas
y ya muertas abaten sus vuelos:
Qué tristezas tan hondas... tan hondas...

«Padre nuestro que estás en los cielos.»

¡Pobre rey de los raros amores!
Como nadie sintió sus dolores,
como nadie sufrió sus desvelos.
Le inventaron un mal los doctores.

«Padre nuestro que estás en los cielos.»

Su cerebro de luz era un foco;
mas un nimbo surgió poco a poco
de esa luz, y la turba, con celos
murmuró: «Wittelsbach está loco.»

«Padre nuestro que estás en los cielos.»

Sólo Wagner le amó como hermano,
sólo Wagner, cuya alma-oceano
su conciencia inundó de consuelos,
y su vida fué un «lied» wagneriano.

«Padre nuestro que estás en los cielos,
santificado sea el tu nombre,
venga a nos el tu reino»...

PONDERA LO INTENSO DE LA FUTURA
VIDA INTERIOR

¡Oh sí! yo tornaré; tu amor estruja
con invencible afán al pensamiento,
que tiene hambre de paz y de aislamiento
en la mansa quietud de la cartuja.

¡Oh sí! yo tornaré; ya se dibuja
en el fondo del alma, ya presiento
la plácida silueta del convento
con su albo domo y su gentil aguja...

Ahí, solo por fin conmigo mismo,
escuchando en las voces de Isaías
tu clamor insinuante que me nombra,

¡Cómo voy a anegarme en el mutismo,
cómo voy a perderme en las crujías,
cómo voy a fundirme con la sombra!...

LAS VOCES

DE LOS POEMAS PANTEÍSTAS

I

Las transgresiones del rey de la crea-
ción apenan a la creación entera. Quién
sabe si éste es el secreto de la expresión
pensativa de la Naturaleza, de la triste
austeridad de las tardes, y de la lejana
melancolía de las estrellas...

(Elevaciones, del mismo autor).

El escenario es un gran valle, empenachado de árbo-
les, exuberante de cálices, endiamantado de fuentes.
Todo palpita: la imagen de las nubes en las fuentes, el
rocío en los cálices, en los árboles los nidos. Cuando el
sol revienta como un enorme florecimiento escarlata en
la palidez lejana y dorada del orto, cada rama es una
guzla, cada flor es un joyel, cada fuente es una fuga de
zafiros. La Naturaleza está como glorificada en el valle.

Diríase la aristocracia de la flora en un Tabor edénico.
Una expresión enigmática surge y resalta en todas las
cosas, algo como la claridad de una conciencia que vi-
gila, algo como el misterio de un pensamiento y de una
voluntad que, aunque incógnitos, transpiran y se denun-
cian. Se presiente que los pétalos « v e n »; que las
fuentes, temblorosas de ninfeas, de nelumbios y de lotos,
« v e n »; que las frondas « v e n »; que una alma arca-
na, de esencia indecible, pero consciente en absoluto,
piensa, sueña, ora, al amparo y bajo la caricia inmortal
del cielo; se adivinan diálogos inefables entre los corim-
bos que se estremecen y las lejanas nubes romeras; se
siente uno mirado y seguido por seres no previstos.
« A l g u i e n », lúcido y mudo, está ahí, bajo el cobre
radiante del sol o bajo la plata trémula de las estrellas.

Cuando Angel aparece, aquellas individualidades en
plena expansión matinal tórnanse agresivas. La agudeza
de un espíritu advertiría un cambio en todas las cosas,
un semblante hostil, una fisonomía que, aunque recón-
dita, deja traslucir protestas.

Angel, después de una noche más de amor y de exce-
so, entra pausadamente desde las indecisas penumbras
del fondo.

ÁNGEL

Hoy como ayer, llevando la garra de un castigo
por dondequiera. ¡Cuánto se tarda mi ataúd!
Al despertar, mi angustia se despertó conmigo;
dormí, pero a mi lado velaba mi inquietud.

Y siempre la voz ésa que me habla con enojos,
que habita en lo más hondo del ánima y que escucho
con miedo...

UNA FUENTE

A otra fuente

Mira, hermana, sus párpados qué rojos:
parecen los de un hombre que se desvela mucho.

ÁNGEL

Hoy como ayer, huyendo los sobrenaturales
avisos, que condenan los goces de que muero.
Remanso: una limosna de tu agua; tus cristales
refrescarán mis ojos sonámbulos.

EL REMANSO

Voz que, como todas las otras, no cabe en la pauta humana.
¡No quiero!

ÁNGEL

Inclinándose para coger el agua que resbala de sus manos y huye.

Remanso, tengo fiebre y envidio tu frescura.

UNA ONDA

A otra onda.

Esquívate, no dejes que tu vaivén se aquiete.

ÁNGEL

Remanso, algunas gotas para mi calentura.

EL REMANSO

¡No quiero!

VOCES

¡Vete, vete!

ÁNGEL

Hoy como ayer, despierto con hambre de la aurora,
que al menos traza nimbos sobre mi frente mustia.

UN LIRIO

A una azucena.

Hermana, mira al hombre qué pálido está ahora.

ÁNGEL

Tres hay que no se duermen jamás: mi veladora,
mi péndulo y mi angustia.
    .¡He ahí una rosa! Al menos aspiraré su aroma
y beberé el aljófar sutil que la salpica.
    Mi lengua es una fragua...

LA ROSA

Reteniendo su aliento y desenvainando una espina.

Malvado, ¡toma! ¡toma!

ÁNGEL

Me has hecho mal y escondes tu esencia.

VARIAS VOCES

A la rosa.

¡Pica! ¡Pica!

ÁNGEL

Hoy como ayer, sin ruta ni brújula en la vida:
me asusta mi futuro, me apena mi pasado...

UN PÁJARO

A otro.

Hermano, escucha: ¿no oyes qué voz tán desabrida?
Parece que ha llorado...

ÁNGEL

Viendo las dos aves.

¡Dos pájaros! Quién sabe si asiendo sus dispersos
gorjeos, forme un ramo de místico regalo.

LOS PÁJAROS

—Es uno de nosotros: es uno que hace versos.
—¿Qué dice?
        —Que cantemos...
                —No cantes: es muy malo.

ÁNGEL

Hoy como ayer, tostado de sol en un paraje
desierto cuya arena se arremolina y treme.
Oh frondas, un amparo...

UNA RAMA

A otra

            ¡Recoge tu follaje!
¡Que exhale la solana sus vahos y lo queme!

VARIAS VOCES

¡Ladrón! ¡Ladrón!

ÁNGEL

    Diría que surgen de mí voces...

LAS VOCES

¡Ladrón!

ÁNGEL

Gritos que ahogan la voz de mis congojas.

LAS VOCES

¡Ladrón!

ÁNGEL

¡Las cosas hablan!

LAS VOCES

¡Ladrón! ¿No nos conoces?
¡Pues somos la divina creación a quien enojas!

ÁNGEL

Acaso las vigilias escancian la locura...
¡Rendido estoy! Oh césped, anhelo tu blandura;
me dormiré en tu almohada; concédeme un beleño...
Mis párpados se cierran

LAS MALEZAS

Entre sí.

Eriza tus rastrojos,
esgrime tus espinas, engrifa tus abrojos,
que sienta picazones y se le vaya el sueño.

UNA ROSA

Empinándose sobre su tallo y mirándole fijamente.

Devuélveme el rosado de tu epicúrea boca,
que me hace falta para las hojas que elaboro.

UN VENERO

¡Ladrón! se están secando las ubres de mi roca;
retórname las aguas amargas de tu lloro.

UNA TÓRTOLA

Devuélveme el lamento de tu alma atribulada:
lo necesito para mi sollozar sencillo.

UNA ESTRELLA

La chispa de mi fuego, que roba tu mirada
soberbia, me hace falta para aumentar mi brillo.

UN PÁJARO

Puesto que en arrastrarte no más cifras tu empeño
y hacia el instinto a cada conciliacion resbalas,
devuélveme el inútil empuje de tu ensueño
para aumentar la fuerza divina de mis alas.

ÁNGEL

Presa ya del desvarío, encarándose con las cosas.

¡Todo me increpa! Nadie mi agitación ensalma
Creaturas: soy el amo del mundo y os desprecio;
¡vosotras sois las cosas efímeras, sin alma!

VOCES IRÓNICAS

¡Qué necio!

UNA VOZ

Desprecio de los fuertes por los que ven pequeños,
porque su esencia ignoran; desdenes visionarios.
¿Tú sabes por ventura qué plétora de empeños,
qué atroz perseverancia de anhelos y de ensueños
formaron nuestras almas al fin de milenarios?

OTRA VOZ

¿Ignoras que el anhelo de un órgano lo crea?
Cantar el agua quiso, y un día fué arroyuelo;
pensar quiso el instinto, y al fin tornóse idea;
la escama volar quiso, pidióle al Dios que crea
las alas, y hecha pluma de cóndores, fué al ciclo.

OTRA VOZ

Las flores y las faunas, después de un cielo lento
de aspiración informe, sentimos con profundos

pasmos, en nuestra obscura conciencia en movimiento,
brotar como un retoño de luz el pensamiento
y unir sus vibraciones al ritmo de los mundos.

OTRA VOZ

¡Que no tenemos alma! Tú, en cambio, ¿qué haces de ella?
La atrofias, y nosotras que vamos hacia los
futuros avatares, miramos cómo huella
tu instinto en tu cerebro las trazas de tu estrella,
los rastros de tu origen, ¡la imagen de tu Dios!

OTRA VOZ

Mañana, cuando inútil su germen, ya marchito,
los astros se deshojen como pálidas rosas,
las cosas, vueltas almas, irán al infinito,
quedándose en la nada las almas vueltas cosas.

EL VIENTO

¡Aléjate llevando tu infamia y tu castigo,
usurpador, en tanto que llega tu ataúd!

ÁNGEL

Abrumado, con la obsesión de una frase maquinal.

Me desperté, y la angustia se despertó conmigo;
dormí, pero a mi lado velaba la inquietud..

*Se aleja, vencido, y vase perdiendo lentamente en el claro-
obscuro del fondo.*

II

Las flores son seres superiores que han
realizado el ensueño de Budha: no desear
nada, soportarlo todo, absorberse en sí
mismas hasta la voluntaria inconsciencia.

Strindberg.

El mismo escenario. Mas ahora un apaciguamiento divino cae sobre todas las cosas. Algo de la inefable resignación de la Naturaleza ante el sol, que se desangra en agonía soberana y mansa. « A l g u i e n » medita y « v e », entre la luz que se va y la sombra que llega. Las flores, las frondas, las fuentes, tienen fisonomías que el misterio de la noche que viene envaguece o determina. Pero una inmensa placidez ha substituido a la hostilidad anterior. La agresión triunfal de la flora, bajo la plenitud de vida matinal y meridiana, ha ido volviéndose melancolía blanda, austeridad suave. ¡Se adivina que el valle piensa en Dios! Sobre las montañas lejanas, que parecen desprenderse del propio azul del cielo, como si una tijera enorme las hubiese recortado en siluetas ondulantes, Vésper radia como una hostia de paz, y una luna afilada y misteriosa traza, entre la tarde que muere y la aurora que vendrá, su melancólico paréntesis de cuarzo.

Angel llega lentamente por el fondo. En sus cabellos,

ya grises, tiembla l púrpura del poniente. Su mirada es
triste, pero serena, co la serenidad del que, pesaroso por
las viejas transgresiaes, pero desasido ya de todo, se
acerca a las lindes dea vida, lleno de piedad y de resig-
nación. Amó, delinqó, sufrió... Ahora espera. La tarde
está en su espíritu coo en la Naturaleza; la tarde, « o " e
llora las risasde la mañana»; la tar
torna pensativas a la almas, las bestias y las f
tarde, pórtico de las erellas, vestíbul   ile
la eternidad.

EL /MA DE LA

Yo soy meditabunda r
la meditación a la pi
¿Quieres rosas? p
¡no tienen ni una
Yo soy contem
¿Quieres lirio

¡Oh Tarde!
a ti de lo p
(«De pr
madre, te
mi espíri
¡Oh Tar
«de pr
¡Teng
Los se

con sus iras la hostil reina Naturaleza
«Las aves tienen nido, guarida a o a
¡y yo no tengo dónde reclinar   la besa la
Deméter, mi madrastra, con sus iras o
«De profundis clamavi a te». T   tristesa
¿Por qué me increpa todo? Pequé porque he
«(Alma parens, los pájaros del l tienen nido).
¿Por qué tan ruda inquina
de parte de las cosas?

LA TARDE

ieres flores? pues corta mis flores t ronas
eres lirios? aspira mi estrella a ina
hindete en mi arcano, disuélve on mis
con mis lirios, y sabrás m
y mis lirios no tienen ni una spina

LA FUENTE

mala, pero mi espejo o
brosa mi agua que no
spejo, quiero hacer r la
ira que no me salga r jo
es los astros? Sus m
tiempo en enjambres d
los cielos. Te copi
con resplandor de e lla
to bizantino.

ya grises, tiembla la púrpura del poniente. Su mirada es
triste, pero serena, con la serenidad del que, pesaroso por
las viejas transgresiones, pero desasido ya de todo, se
acerca a las lindes de la vida, lleno de piedad y de resig-
nación. Amó, delinquió, sufrió... Ahora espera. La tarde
está en su espíritu como en la Naturaleza; la tarde, «q u e
l l o r a   l a s   r i s a s   d e   l a   m a ñ a n a»; la tarde que
torna pensativas a las almas, las bestias y las flores; la
tarde, pórtico de las estrellas, vestíbulo del silencio y de
la eternidad.

EL ALMA DE LA TARDE

A Ángel.

Yo soy meditabunda porque sé muchas cosas:
la meditación a la piedad me inclina.
¿Quieres rosas? pues corta mis desmayadas rosas;
¡no tienen ni una espina!
Yo soy contemplativa porque sé muchas cosas.
¿Quieres lirios? pues toma mi estrella vespertina.

ÁNGEL

¡Oh Tarde! manso ensueño de la Naturaleza:
a ti de lo profundo clamo, «a l m a   p a r e n s» mía,
(«D e   p r o f u n d i s   c l a m a v i   a   t e»); dura es la vía;
madre, tengo tristeza;
mi espíritu está lleno de tu melancolía.
¡Oh Tarde! manso ensueño de la Naturaleza:
«de profundis clamavi a te, alma parens» mía...
¡Tengo mucha tristeza!
Los seres me rechazan. ¿No ves cómo me acosa

con sus iras la hostil reina Naturaleza?
«Las aves tienen nido, guarida la raposa
¡y yo no tengo dónde reclinar mi cabeza!»
Deméter, mi madrastra, con sus iras me acosa.
«De profundis clamavi a te». Tengo tristeza
¿Por qué me increpa todo? Pequé porque he vivido...
«(Alma parens, los pájaros del cielo tienen nido).»
¿Por qué tan ruda inquina
de parte de las cosas?

LA TARDE

¿Quieres flores? pues corta mis flores misteriosas.
¿Quieres lirios? aspira mi estrella vespertina.
...Mas fúndete en mi arcano, disuélvete en mis rosas,
alumbra con mis lirios, y sabrás muchas cosas:
mis rosas y mis lirios no tienen ni una espina.

LA FUENTE

A Angel.

Perdóname; fuí mala, pero mi espejo ingrato
grato será, y sabrosa mi agua que no bebiste.
Asómate a mi espejo, quiero hacer tu retrato;
...pero sonríe, ¡mira que no me salga triste!
¡Asómate! ¿no ves los astros? Sus centellas
nacen al propio tiempo en enjambre divino
en mi agua y en los cielos. Te copiaré con ellas,
aureolaré tu rostro con resplandor de estrellas
como el de un santo bizantino.

Pero fúndete en mi agua, ¡dilúyete en mi seno!
Vivir, obrar, es malo; disolverse... ¡eso es bueno!

LAS FLORES

Las flores realizamos en la vida sañuda
un intento divino, por misterioso modo:
no anhelar nunca nada, mas soportarlo todo;
absorberse en sí mismo con voluntaria y muda
inconsciencia... Éste es el ensueño de Budha:
No anhelar nunca nada, mas soportarlo todo.
Perdona las palabras aquéllas vagarosas,
que te dieron martirios.
Si quieres, premiaremos tus horas dolorosas
poniendo entre los labios de tu musa más rosas,
en su tez más azáleas y en su frente más lirios.
...Pero ven con nosotras mejor: sé alvéolo, yema;
disuélvete. Ser flor es la virtud suprema.

LOR PÁJAROS

¡Ya no solloces, canta!
¿Verdad que nos perdonas la rebelión? Divinos
trinos enseñaremos a la ideal garganta
de tu musa: el secreto de todos nuestros trinos.
Mas... sé como nosotros, que muerto ya, tu anhelo
revivirá en dos alas para escalar el cielo.
Dos alas que una alegre palpitación levanta,
que, trémulas de amores en su celeste ruta,

retornan a los nidos como en pos de una fruta...
(Un nido es una fruta misteriosa que canta).

EL VIENTO

¡Canta! En mis impalpables alas fué tu lamento
de ayer, e irán tus cánticos de hoy. ¡Nada persiste
en mí! ¿Por qué mis ecos te pusieron tan triste?
Mi voz, amarga o dulce, sólo es la voz del viento...
Mas disuélvete, amigo,
en polvo, a fin de que peregrines conmigo.
Yo llevaré conmigo tu fósforo y tus gases
Ya es tiempo de que pases, ya es tiempo de que pases...

UNA VOZ

Es pecado vivir nuestra breve jornada
sin dar al universo toda nuestra alma, en cada
hora de nuestros días amargos o risueños;
pecado ser como esas infantas de balada
que, absortas en el vago ritual de sus ensueños,
sonámbulas y frías,
caminan por los limbos de góticas mansiones,
sin imprimir su huella, como hechas de abstracciones,
sin proyectar su sombra sobre las galerías...

VARIAS VOCES

—Yo vuelo.
           —Yo perfumo.

—Yo calmo las congojas
de la sed.

—Yo ilumino las nubes de oro y gualda.
—Yo arrullo a mis polluelos.

—Y yo hago de las hojas,
para cantar a Mayo, mil lenguas de esmeralda.

LOS ASTROS

Florecimiento del vacío
somos nosotros, alabastros
liliales,
almas del éter, astros
inmortales.

VARIAS VOCES

—La paz está en nosotras las que tú llamas cosas:
radia con las estrellas, revienta con las rosas.
—Busca el quieto walhalla en que se encierra
la vida sin deseos, sin amores,
y ama tus paraísos interiores
sobre todas las cosas de la tierra.
—Perfuma
con los lirios, revuela
como las mariposas,
rízate con la espuma...
—Medita con las tardes, funde tu alma con ellas,
florece con la primavera y con las estrellas.
—Suspira con la honda
voz de la noche; amasa

con ella tus misterios, palpita con la onda
y pasa con el viento que pasa...
—Ruge con los ignotos

           mares;

busca un santo capullo para tus avatares,
arrulla con las tórtolas, olvida con los lotos...

III

¡Esta noche arden hogueras
y los lobos no vendrán!

Viejo estribillo.

Oportet nasci denuo.
Es preciso renacer

Cristo a Nicodemo.

La sombra empieza a invadir la escena; se acentúa el misterio. No lejos, brilla una hoguera encendida por los pastores para congregar cerca de ella sus ganados. Los pastores suenan a distancia sus cuernos, cuyos ecos se dilatan por la infinita serenidad de la noche. Unas pastorcillas, cogidas de la mano, danzan en rededor del fuego, y el rumor de sus cantares va invadiendo la soledad de no sé qué unciosa melancolía. Angel, sentado al pie de un árbol, fija sus ojos, como hipnotizado, en el claro vivo de la fogata.

LAS PASTORCILLAS

¡Dancemos! alalú... Los prados, rojos
con nuestro fuego están.
Alalú... ¡cómo alegran ardiendo los abrojos!
Los lobos no vendrán...
Alalú, alalù
Los lobos no vendrán.

LAS VOCES

A Angel.

—Medita con las tardes,
funde tu alma con ellas,
florece con la primavera y las estrellas.
            —Perfuma
con los lirios, revuela
como las mariposas,
rízate con la espuma,
revienta con las rosas...

LAS PASTORCILLAS

Dancemos; ¡cuán bellas
las llamas! Se dijera
que hemos hecho una hoguera
con un montón de estrellas.
¡Dancemos! alalú... Los prados, rojos
con el incendio están.
¡Cómo alegran ardiendo los abrojos!
¡Los lobos no vendrán!

LAS VOCES

A Angel.

—Suspira con la onda
voz de la noche, amasa
con ella tus misterios, palpita con la onda
y pasa con el viento que·pasa...
—Ruge con los ignotos
                    mares,
busca un santo capullo
para tus avatares,
arrulla con las tórtolas,
¡olvida con los lotos!

ÁNGEL

Oh madre Naturaleza,
quiero en tí fundir mi mal.
Estoy ebrio de tristeza,
de una tristeza mortal...
Ya me invade el hondo anhelo
de huir con las mariposas,
de perfumar con las rosas,
de fulgurar con el cielo.
Mis horas tristes son robos
al alma eterna de Pan...

LAS PASTORCILLAS

Alejándose al encuentro de los pastores que, so-
nando sus cuernos, vienen hacia la hoguera:

Alalú, alalú, los lobos
no vendrán...

ÁNGEL

Quiero hervir con el torrente,
rugir con el mar ignoto;
quiero olvidar con el loto,
quiero soñar con la fuente.
¡Quiero, en supremos arrobos,
fundir en tu ser mi afán!

LAS PASTORCILLAS

Más lejos.

¡Alalú, alalú, los lobos
no vendrán!

ÁNGEL

Quiero no tener deseos
como las flores, pasar
como el viento, en los gorjeos
de las aves gorjear...
Ser un alma más en tu

alma divina en que están
los fiats. Santa eres tú.
¡Fuego, abrásame!

LAS PASTORCILLAS

Muy lejos.

Alalú...
Esta noche no vendrán.

ÁNGEL

*Con la mirada fija en las llamas, como atraído
por una fuerza incontrarrestable, se arroja
en la hoguera.*

LOS JARDINES INTERIORES

EXPONE LA ÍNDOLE DEL LIBRO

Hay savia joven: la de potentes glóbulos rica,
que las arterias del tronco núbil invade y llena,
y en policromo florón de pétalos se magnifica;
tórrida savia, jugo del Cáncer, que en la serena
noche de luna crepita y cruje de fuerza plena,
en el misterio donde la flauta de Pan resuena...

           Hay savia enferma,
           sangre doliente,
           savia tardía,

que cuando brota, las ramazones del árbol cubre
con hojas mate, con hojas tenues... Tal es la mía.

Tal es la mía: savia del yermo, que sólo encubre
gérmenes locos de la futura yema insalubre,
y tiene pompa, mas es la pompa solemne y triste
                del viejo Octubre.

NOCTURNO

Y vi tus ojos: flor de beleño,
raros abismos de luz y sueño;
ojos que dejan al alma ınerme,
ojos que dicen: duerme... düerme...

Pupilas hondas y taciturnas,
pupilas vagas y misteriosas,
pupilas negras, cual mariposas
nocturnas.

Bajo las bandas de tus cabellos
tus ojos dicen arcanas rimas,
y tus lucientes cejas, sobre ellos,
fingen dos alas sobre dos simas.

....

¡Oh! plegue al cielo que cuando grita
la pena en mi alma dolida e inerme,
tus grandes ojos de sulamita
murmuren: «duerme»...

TRISTE

Mano experta en las caricias,
labios, urna de delicias,
blancos senos, cabezal
para todos los soñares,
ojos glaucos, verdes mares,
verdes mares de cristal...

Ya sois idas, ya estáis yertas,
manos pálidas y expertas,
largas manos de marfil;
ya estáis yertos, ya sois idos,
ojos glaucos y dormidos
de narcótico sutil.

Cabecita auri-rizada:
hay un hueco en la almohada
de mi tálamo de amor;
cabecita de oro intenso:
¡qué vacío tan inmenso,
tan inmenso, en derredor!

LA CANCION DE FLOR DE MAYO

Flor de Mayo, como un rayo
de la tarde, se moría.
Yo te quise, Flor de Mayo,
tú lo sabes; ¡pero Dios ne lo quería!

Las olas vienen, las olas van,
cantando vienen, cantando irán.

Flor de Mayo ni se viste
ni se alhaja ni atavía;
¡Flor de Mayo está muy triste!
¡Pobrecita, pobrecita vida mía!

Cada estrella que palpita,
desde el cielo le habla así:
«Ven conmigo, Florecita,
brillarás en la extensión igual a mı.»

Flor de Mayo, con desmayo,
le responde: «¡Pronto iré!»
....
Se nos muere Flor de Mayo,
¡Flor de Mayo, la Elegida, se nos fué!

Las olas vienen, las olas van,
cantando vienen, llorando irán...

«¡No me dejes!» yo le grito:
«¡No te vayas, dueño mío,
el espacio es infinito
y es muy negro y hace frío, mucho frío!»

Sin curarse de mi empeño,
Flor de Mayo se alejó,
y en la noche, como un sueño,
misteriosamente triste se perdió.

Las olas vienen, las olas van,
cantando vienen ¡ay, cómo irán!

Al amparo de mi huerto
una sola flor crecía:
Flor de Mayo, y se me ha muerto...
Yo la quise, ¡pero Dios no lo quería!

ENVÍO

La canción que me pediste,
la compuse y aquí está:
cántala bajito y triste;
ella duerme (para siempre); la canción la arrullará.
Cántala bajito y triste,
cántala...

VAGUEDADES...

Como pupilas de muertos
de luz sobrenatural,
brillan los focos en los desiertos
laberintos del arrabal.

El te canta en la tetera;
fuego dentro, hielo fuera,
que resbala por la vidriera.

Paso llegan o sonoras,
resonando turbadoras,
las procesiones de las horas.

Como pupilas de muertos
de luz sobrenatural,
brillan los focos en los desiertos
laberintos del arrabal.

—¿Por qué llora ese piano
bajo el nácar de tu mano?
—Llora en él mi dolor, hermano.

—¡Eh! ¡quién va! ¿quién gime o reza
en la sombra de la pieza?
—Es mi madrina la Tristeza.

Como pupilas de muertos
de luz sobrenatural,
brillan los focos en los desiertos
laberintos del arrabal.

—¿Y qué libro lees ahora,
a la luz vaciladora
de la pálida veladora?

¿Alguna bella conseja
de flamante moraleja?
—Es una historia ya muy vieja...

Como pupilas de muertos
de luz sobrenatural,
brillan los focos en los desiertos
laberintos del arrabal.

EL METRO DE DOCE

El metro de doce son cuatro donceles,
donceles latinos de rítmica tropa,
son cuatro hijosdalgo con cuatro corceles;
el metro de doce galopa, galopa...

Eximia cuadriga de casco sonoro
que arranca al guijarro sus chispas de oro,

caballos que en crines de seda se arropan
o al viento las tienden como pabellones;
pegasos fantasmas, los cuatro bridones
galopan, galopan, galopan, galopan...

¡Oh metro potente, doncel soberano
que montas nervioso bridón castellano
cubierto de espumas perladas y blancas,
apura la fiebre del viento en la copa
y luego galopa, galopa, galopa,
llevando el Ensueño prendido a tus ancas!

El metro de doce son cuatro garzones,
garzones latinos de rítmica tropa,
son cuatro hijosdalgo con cuatro bridones;
el metro de doce galopa, galopa...

COMO BLANCA TEORIA POR EL DESIERTO

Como blanca teoría por el desierto,
desfilan silenciosas mis ilusiones,
sin árbol que les preste sus ramazones,
ni gruta que les brinde refugio cierto.

La luna se levanta del campo yerto
y, al claror de sus lívidas fulguraciones,
como blanca teoría mis ilusiones
desfilan silenciosas por el desierto.

En vano al cielo piden revelaciones;
son esfinges los astros, Edipo ha muerto,
y a la faz de las viejas constelaciones,
desfilan silenciosas mis ilusiones
como blanca teoría por el desierto.

PASAS POR EL ABISMO DE MIS TRISTEZAS

Pasas por el abismo de mis tristezas
como un rayo de luna sobre los mares,
ungiendo lo infinito de mis pesares
con el nardo y la mirra de tus ternezas.

Ya tramonta mi vida; la tuya empiezas;
mas, salvando del tiempo los valladares,
como un rayo de luna sobre los mares
pasas por el abismo de mis tristezas.

No más en la tersura de mis cantares
dejará el desencanto sus asperezas;
pues Dios que dió a los cielos sus luminares,
quiso que atravesaras por mis tristezas
como un rayo de luna sobre los mares.

YO VENGO DE UN BRUMOSO PAÍS LEJANO

Yo vengo de un brumoso país lejano,
regido por un viejo monarca triste.
Mi numen sólo busca lo que es arcano,
mi numen sólo adora lo que no existe.

Tú lloras por un sueño que está lejano,
tú aguardas un cariño que ya no existe;
se pierden tus pupilas en el arcano
como dos alas negras, y estás muy triste.

Eres mía: nacimos de un mismo arcano
y vamos, desdeñosos de cuanto existe,
en pos de ese brumoso país lejano
regido por un viejo monarca triste...

QUIÉN ES DAMIANA

La mujer que, en mi lozana
juventud, pudo haber sido
—si Dios hubiera querido—
mía,

en el paisaje interior
de un paraíso de amor
y poesía;
la que, prócer o aldeana,
«mi aldeana» o «mi princesa»
se hubiera llamado, esa
es, en mi libro, Damiana.

La hija risueña y santa,
gemela de serafines,
libélula en mis jardines
quizás, y en mi feudo infanta;
la que
pudo dar al alma fe,
vigor al esfuerzo, tino
al obrar, ¡la que no vino
por mucho que la llamé!;
la que aun mi frente besa
desde una estrella lejana,
esa
es, en mi libro, Damiana.

Y aquella que me miró,
no sé en qué patria querida
y, tras mirarme, pasó
(desto hace más de una vida),
y al mirarme parecía
que me decía:

—«Si pudiera detenerme
te amara...» La que esto al verme
con los ojos repetía;
la que, sentado a la mesa
del festín real, con vana
inquietud aguardo, esa
es, en mi libro, Damiana;

La que con noble pergeño
suele flüida vagar
como un fantasma lunar
por la zona de mi ensueño;
la que fulge en los ocasos,
que son nobleza del día;
la que, en la melancolía
de mi alcoba, finge pasos;
la que, puesto a la ventana,
con un afán que no cesa
aguardo hace un siglo, esa
es, en mi libro, Damiana.

Todo lo noble y hermoso
que no fué;
todo lo bello y amable
que no vino;
y lo vago y misterioso
que pensé,
y lo puro y lo inefable
y lo divino;

El enigma siempre claro en la mañana
y el enigma por las tardes inexpreso;
amor, sueños, ideal, esencia arcana...,
todo eso, todo eso, todo eso,
tiene un nombre en estas páginas: ¡Damiana!

ESTA NIÑA DULCE Y GRAVE...

Esta niña dulce y grave
tiene un largo cuello de ave,
cuello lánguido y sutil,
cuyo gálibo suave
finge prora de una nave,
de una nave de marfil.

Y hay en ella, cuando inclina
la cabeza arcaica y fina,
—que semeja peregrina
flor de oro—al saludar,
cierto ritmo de latina,
cierto porte de menina
y una gracia palatina
muy difícil de explicar...

NUESTRO AMO ESTÁ EXPUESTO

Nuestro Amo está expuesto,
«Nuestro Amo» está expuesto.
Anda, dile a «Nuestro Amo», Damiana,
que guarde tu almita de luz para el cielo.

«Nuestro Amo»
está expuesto en su enorme custodia,
como un sol de nieve
dentro de un sol de fuego;
en su enorme custodia,
donde, como flores de un país de ensueño,
dos querubes de alas en espiral, fingen
corolas de plumas.

Las damas del pueblo
enviaron sus canarios
para adorno del templo,
y esos luminosos
pájaros, batiendo
sus alitas de ocre, gorjean tan dulce
que así deben cantar las bandadas
de Dios en el cielo.

Hay matas de flores tan finas
como el terciopelo,

como mágicas sedas olorosas;
hay tiestos
rizados de musgo, naranjas doradas,
con mil flamuiillas de oropel, que crujen
al soplo del viento,
al soplo del viento,
que hace esgrima con luces de cirios,
como con espadas de trémulo fuego.

«Nuestro Amo» está expuesto
y la Santa Virgen, cubierta de joyas,
está en un crucero,
con su veste de tela de plata,
sonriendo
y ostentando en su diestra afilada
una gran camándula de vivos destellos,
y sortijas de antigua factura
prendidas al viejo marfil de sus dedos.
Anda, dile a la Virgen, Damiana,
que guarde tu almita de luz para el cielo.

«Nuestro Amo» está expuesto:
anda a visitarlo, Damiana. Te hincas
en el presbiterio;
ante el ascua de oro del altar bendito
rezas un padre-nuestro,
y le cuentas a Dios tus angustias,
tus deseos,
y le dices así: «Padre mío,
Tú formaste mi alma de diamante y quiero

seguir siendo en la vida un diamante,
para ser un diamante en el cielo
y acurrucarme
como un lucero,
en la noche, que es el infinito
raso azul de tus santos joyeros.
Quiero ser un diamante,
y si las miserias y si el sufrimiento
vienen y obscurecen mis facetas diáfanas,
para seguir siendo
diamante en la angustia, diamante en las lágrimas,
diamante en los duelos.
Tú que sacas la luz de la sombra,
harás que me vuelvan todas las negruras
un diamante negro...»

¡Anda a ver a «Nuestro Amo», Damiana,
anda a verlo!
Oye las campanas cómo cantan «Gloria
in excelsis Deo!»

Corre a la iglesia, retoño mío,
luz de mis años, flor de mis hielos...
Anda a ver a «Nuestro Amo», Damiana,
«Nuestro Amo» está expuesto.

DE VUELTA

Salí al alba, .dueño mío,
y llegué, marcha que marcha
entre cristales de escarcha,
hasta la margen del río.
¡Vengo chinita de frio!
    De la escarcha entre el aliño,
era el dormido caudal
como un sueño de cristal
en un edredón de armiño.
(Emblema de mi cariño.)

    Alegre estaba, señor,
junto a la margen del río,
alegre en medio del frío:
es que me daba calor
dentro del alma tu amor.

    Te ví al tornar, mi regreso
esperando en la ventana,
y echó a correr tu Damiana
por darte más pronto un beso,
—¿Por eso?—¡No más por eso!

TAN RUBIA ES LA NIÑA QUE...

¡Tan rubia es la niña que,
cuando hay sol, no se la ve!

Parece que se difunde
en el rayo matinal,
que con la luz se confunde
su silueta de cristal
tinta en rosas, y parece
que en la claridad del día
se desvanece
la niña mía.

Si se asoma mi Damiana
a la ventana, y colora
la aurora su tez lozana
de albérchigo y terciopelo,
no se sabe si la aurora
ha salido a la ventana
antes de salir al cielo.

Damiana en el arrebol
de la mañanita se
diluye y, si sale el sol,
por rubia... no se la ve!

CUANDO LLUEVE..,

¿Ves, hija? Con tenue lloro
la lluvia a caer empieza.
—Sí, padre, y cayendo reza
como una monja en el coro.

—Damiana, hija mía,
ya enciende el quinqué;
yo tengo melancolía...
—Yo también ¡no sé por qué!

—Padre, el agua me acongoja;
vagos pesares me trae.
—Damiana, la lluvia cae
como algo que se deshoja.

—¿Oyes? murmurando está
como una monja que reza...
—¡Damiana, tengo tristeza!
—Yo también... ¿por qué será?

DAMIANA SE CASA

Con mis amargos pensares
y con mis desdichas todas,

haré tu ramo de bodas,
que no será de azahares.

Mis ojos, que las angustias
y el continuado velar
encienden, serán dos mustias
antorchas para tu altar.

El llanto, que de mi cuita
sin tregua brotando está,
tu frente pura ungirá
como con'agua bendita...

—Señor, no penes; tu ceño
me duele como un reproche.
—¡Qué pálida estás, mi dueño!
—Es que pasé mala noche:
el amor me quita el sueño.

—¡Y te vas!...
            —Me voy, es tarde,
me aguardan; el templo arde
como un sol. ¡Tu mal mitiga,
Señor, y Dios te bendiga!
—Damiana, que Dios te guarde...

EN VOZ BAJA

Alma, ven a mi alma sin ruido,
que te quiero decir, así, al oído:...

Madre, los muertos oyen mejor:
¡sonoridad celeste hay en su caja!
A ti, pues, este libro de intimidad, de amor,
de angustia y de misterio, murmurado «en voz baja»...

QUISIERA...

Quisiera, noble hermana,
prender, en los encajes
del verso y de la prosa,
el alma triste, arcana,
sutil y misteriosa
que tienen los paisajes.

¡SILENCIO!

Ufanía de mi hombro,
cabecita rubia, nido
de amor, rizado y sedeño:
¡Por Dios, a nadie digas que tanto te nombro;
por Dios, a nadie digas que nunca te olvido;
por Dios, a nadie digas que siempre te sueño!

NO LE HABLÉIS DE AMOR

¡Es su faz un trasunto de ideal, tan completo!
¡Son sus ojos azules de tan raro fulgor!
Sella todos sus actos un divino secreto...
   ¡No le habléis de amor!

¡Es tan noble el prestigio de sus manos sutiles!
¡Es tan pálido el rosa de sus labios en flor!
Hay en ella el misterio de los viejos marfiles...
   ¡No le habléis de amor!

Tiene el vago embeleso de las damas de antaño,
en los lienzos antiguos en que muere el color...
¡No turbéis el silencio de su espíritu huraño!
   ¡No le habléis de amor!

VIEJA LLAVE

Esta llave cincelada
que en un tiempo fué, colgada
(del estrado a la cancela,
de la despensa al granero),
del llavero
de la abuela,
y en continuo repicar
inundaba de rumores
los vetustos corredores;
esta llave cincelada,
si no cierra ni abre nada,
¿para qué la he de guardar?

Ya no existe el gran ropero,
la gran arca se vendió;
sólo en un baúl de cuero,
desprendida del llavero,
esta llave se quedó.

Herrumbrosa, orinecida,
como el metal de mi vida,
como el hierro de mi fe,
como mi querer de acero,
esta llave sin llavero
nada es ya de lo que fué.

Me parece un amuleto
sin virtud y sin respeto;
nada abre, no resuena.
¡me parece un alma en pena!

Pobre llave sin fortuna
...y sin dientes, como una
vieja boca: si en mi hogar
ya no cierras ni abres nada,
pobre llave desdentada,
¿para qué te he de guardar?

*

Sin embargo, tú sabías
de las glorias de otros días:
del mantón de seda fina
que nos trajo de la China
la gallarda, la ligera
española nao fiera.
Tú sabías de tibores
donde pájaros y flores
confundían sus colores;
tú, de lacas, de marfiles
y de perfumes sutiles
de otros tiempos; tu cautela
conservaba la canela,
el cacao, la vainilla,
la suave mantequilla,
los grandes quesos frescales

y la miel de los panales,
tentación del paladar;
mas si hoy, abandonada,
ya no cierras ni abres nada,
pobre llave desdentada,
¿para qué te he de guardar?

*

Tu torcida arquitectura
es la misma del portal
de mi antigua casa oscura
(que en un día de premura
fué preciso vender mal).

Es la misma de la ufana
y luminosa ventana
donde Inés, mi prima, y yo
nos dijimos tantas cosas
en las tardes misteriosas
del buen tiempo que pasó...

Me recuerdas mi morada,
me retratas mi solar;
mas si hoy, abandonada,
ya no cierras ni abres nada,
pobre llave desdentada,
¿para qué te he de guardar?

HOJEANDO ESTAMPAS VIEJAS

Dime, ¿en cuál destas nobles catedrales,
hace ya muchos siglos,—oh, Señora,—
silenciosos, mirando los vitrales,
unimos nuestras manos fraternales
en la paz de una tarde soñadora?

Dime, ¿en cual de los árboles copudos,
deste bosque, medrosos y desnudos,
oímos, en los viejos milenarios,
rugir a los leones solitarios
y aullar a los chacales testarudos?

Di si en esta enigmática ribera
me esperabas antaño, compañera,
sólo teniendo, en noches invernales,
por chal para tus senos virginales,
la húmeda y salobre cabellera.

¿En cuál destos torneos tus colores
llevé, y en cuál castillo tus loores
entonaron mis labios halagüeños?
Y si nunca te ví ni te amé viva,
¿por qué hoy vas y vienes pensativa
por la bruma de nácar de mis sueños?

RUEGO

A Anita.

Fuí bueno para tí como las rosas,
como el hilo de agua, como el día;
y te hice, en tus horas dolorosas,
la santa caridad de mi poesía.

En cambio, sé indulgente, como una
hermanita mayor; pon tu sonrisa
en esta lobreguez de mi fortuna...
¡Sé piadosa... como un rayo de luna!
¡Sé sŭave... como un soplo de brisa!

«TEL QU'EN SONGE»

Ayer vino Blanca;
me miró en silencio,
y era más misteriosa que otras veces:
como se ven las cosas en los sueños...

Larga, largamente
me sonrió; pero
con la rara expresión con que sonríen
las bocas que miramos en los sueños...

¡Qué melancolías
en sus ójos negros!
Esas melancolías indecibles
que entristecen los rostros en los sueños!...

Me miro y se fué
con paso ligero,
más ligero que nunca: con el paso
con que andan los fantasmas en los sueños...

TAL VEZ

Este despego de todo,
esta avidez de volar,
estos latidos que anuncian
el advenimiento de la libertad;
esta pasion por lo arcano,
me hacen a ratos pensar:
—Alma, tal vez estoy muerto
y no lo sé... ¡como don Juan!

Esta nostalgia de mundos
¡ay! que ni sé dónde están;
estas vislumbres de séres
y cosas sin nombre, que no vi jamás;
esta embriaguez de infinito,
me hacen a ratos pensar:

—Alma, talvez estoy muerto
y no lo sé... ¡como don Juan!

Estos amagos de vértigo,
cual si mi espíritu ya
fuese flotando en el éter;
esta misteriosa sensación de paz,
estos perfumes de enigma,
me hacen a ratos pensar:
—Alma, tal vez estoy muerto
y no lo sé... ¡como don Juan!

ES UN VAGO RECUERDO

Es un vago recuerdo que me entristece
y que luego, en la noche, desaparece;
que surge de un ignoto pasado,
que viene de muy lejos y como muy cansado;
que llega de las sombras de un tiempo indefinido;
un recuerdo de algo muy bello, que se ha ido
hace ya muchos siglos, hace... como mil años.
Sutiles añoranzas y dejos muy extraños...

Es un vago recuerdo que me entristece
y que luego, en la noche, desaparece.

Es una vieja esencia que el alma me perfuma,
y que se desvanece después entre la bruma;

es el matiz de un pétalo de rosa desvaído;
es un resabio como de un gran amor, perdido
del tiempo en la frontera,
donde está lo que ha sido,
lo que fué y lo que era...

Es un vago recuerdo que me entristece
y que luego, en la noche, desaparece...

LA BELLA DEL BOSQUE DURMIENTE

Decidme, noble anciana, por vuestra vida:
¿yace aquí la princesa que está dormida,
esperando ha dos siglos un caballero?

—La princesa de que hablan en tu conseja,
¡soy yo!... pero, ¿no miras? estoy muy vieja,
¡ya ninguno me busca y a nadie espero!

—Y yo que la procela de un mar de llanto
surqué... ¡Yo que he salvado montes y ríos
por vos!—¡Ay! caballero ¡qué desencanto!
..Mas, no en balde por verme sufriste tanto:
tus cabellos son blancos ¡como los míos!

Asómate al espejo de esta fontana,
oh, pobre caballero... ¡Tarde viniste!
Mas, aun puedo amarte como una hermana,

posar en mi regazo tu frente cana
y entonar viejas coplas cuando estés triste.

LANGUIDEZA

Yo no sé si estoy triste
porque ya no me quieres
o porque me quisiste,
¡oh frágil entre todas las mujeres!

Ni sé tampoco
si de ti lo mejor es tu recuerdo,
y si al adorarte fuí cuerdo
y si al olvidarte soy loco.

Un suave desgano
de todo amor, invade el alma mía.
¡Qué grande y qué falaz era el oceano
en que nos internamos aquel día,
los ojos en los ojos y la mano en la mano!

Hoy, siento que renace mi existencia
como una sutil convalecencia
¡Llama soy que un suspiro apagaría!

Déjame junto a la ventana,
sorprender en el lampo que arde
los pensamientos de la tarde,
las locuras de la mañana.

Si estoy enfermo, llamaré a la hermana:
a la hermanita azul y blanca (y pura),
cuya .dulce vejez, aun lozana,
tiene la grave y plácida mesura
de Señora Santa Ana...

EN LA ROCA MÁS HOSTIL

Clavó su castillo el conde
en la roca más hostil
del monte: como un milano
vivio en él, y murio allí.

Luengos anos duró el castillo,
sus rüinas duran ya mil,
y esquivas y silenciosas
proyectan en el turqui
de los cielos castellanos
su almenaje torvo y gris.

Luengos años duró el castillo,
sus rüinas duran ya mil.

Conde, vuestros huesos áridos
tornáronse polvo y
ha siglos que nadie sabe
la tumba donde dormís.

Las crónicas que narraban
vuestros hechos en la lid,
son, en archivos obscuros,
manjar de insecto ruin.

Pero viven vuestras torres
berroqueñas, y su hostil
silueta, imperiosa y grave,
os evoca, conde, allí,
vestido de todas armas,
como gigante adalid.

Luengos años duró el castillo,
sus rüinas duran ya mil.

Haber servido a su dama,
a su rey y a su país,
haber alzado una torre
en la roca más hostil;
haber confesado a Cristo,
besando su cruz morir...
¡quién sabe, conde, si al cabo
más vale esto que el trajín
y la histeria de mi siglo,
que no acierta a donde ir,
que derriba y alza altares
con un ímpetu febril
y que, pudiéndolo todo,
no ha podido ser feliz!

Luengos años duró el castillo,
sus rüinas duran ya mil.

...Pero no, mente influida
por los abuelos, no así
razones; ten fe en tu siglo,
que de uno en otro desliz,
que de uno en otro tanteo,
que de uno en otro sufrir,
que de uno en otro problema,
lleva en pos de excelso fin
su santo botón de enigma,
que en flor de luz se ha de abrir.

Luengos años duró el castillo,
sus rüinas duran ya mil.

Ven, clava tu pensamiento,
poeta, bajo el zafir
de los cielos en la cresta
de la roca más hostil,
como almenaje de conde,
y erguido mantenlo allí,
luengos años más que el castilo
y más que sus rüinas, mil.

DEPRECACIÓN A LA NUBE

Lleva en su cuello el cisne la inicial de «S u e ñ o»
y es como un misterioso sueño blanco que pasa;
¡pero es más misteriosa la nube, que se abrasa
en el poniente grave y en el orto risueño!

¡Nube, del invisible viento visible estela,
que eres cisne a la aurora, cuervo en la noche vana;
nube, de la veleta celeste prima hermana;
nube, que eres océano y onda y espuma y vela!

¡Nube, sé mi madrina! Baja piadosa, y viste
de transfiguraciones todo lo que en mí dude,
todo lo que de oscuro en mi cerebro existe.
Sea yo luminoso por lo que he sido triste,
aunque después, la racha que sopla, me desnude.

VISIÓN

Melancólicamente,
al tornar el rebaño
en la tarde tranquila,
dilata en el ambiente,
sobre el paisaje huraño,
con un intermitente

sonido que hace daño,
su vibración la esquila.

Dirígense al paseo ,
los ciegos del hospicio,
seguidos de un hermano
que, con leve siseo,
va rezando el oficio,
mientras el parloteo
de la turba sin juicio
despierta el eco vano...

El ala pasajera
de nubecilla errante
proyecta sombra móvil
sobre la carretera,
por donde, resonante,
aparece, en carrera
febril, como gigante
batracio, un automóvil.

Desconcierto provoca
en los niños, su agudo
resollar repentino,
mientras que, visión loca,
pasa el «c h a u f f e u r» peludo,
con su aspecto de foca
o de buzo lanudo,
devorando el camino.

Los ciegos olfatean
la estela vagarosa
del monstruo: la pupila
dilatan; parpadean
con rapidez nerviosa
    y al fin, quietos, pasean
su noche misteriosa
por la tarde tranquila.

NOVISSIMA VERBA

Yo no sé si la muerte pondrá un sello
de nobleza mayor a esto que escribo;
si tendré el privilegio de que exclamen:
«Murió después de haberlo escrito...»
«Se formó un cabezal para su sueño
postrer, con este libro...»

Pero, muerto o viviente, soy fantasma.
¡Somos fantasmas nada más, amigo!
El alma universal que nos anima,
en los cuerpos encarna de contino
para sentirse y escucharse en ellos,
y son las existencias el efímero
«aquí estoy», las materializaciones
fugaces, el furtivo
disfraz de lo que vive tras la sombra,

de Aquello que se emboza en el abismo,
de Aquello que resume el universo,
de lo lnefable, de lo que es, ha sido
y por siempre será...

           Mi buen hermano:
oye con atención esto que digo,
y que no te conturbe: ¡Dios sí existe!
...¡Nosotros somos los que no existimos!

¡MUERTA!

En vano entre la sombra mis brazos, siempre abiertos,
asir quieren su imagen con ilusorio afán.
¡Qué noche tan callada, qué limbos tan inciertos!
¡Oh Padre de los vivos, adónde van los muertos,
adónde van los muertos, Señor, adónde van!

Muy vasta, muy distante, muy honda, sí, muy honda,
¡pero muy honda! debe ser ¡ay! la negra onda
en que navega su alma como un tímido albor,
para que aquella madre tan buena no responda
ni se estremezca al grito de mı infinito amor.

Glacial, sin duda, es esa zona que hiende. Fría,
¡oh, sí! muy fría, pero muy fría debe estar,
para que no la mueva la voz de mi agonía,
para que todo el fuego de la ternura mía
su corazón piadoso no llegue a deshelar.

Acaso en úna playa remota y desolada,
enfrente de un océano sin límites, que está
convulso a todas horas, mi ausente idolatrada
los torvos horizontes escruta con mirada
febril, buscando un barco de luz que no vendrá.

¡Quién sabe por qué abismos hostiles y encubiertos
sus blancas alas trémulas el vuelo tenderán!
¡Quién sabe por qué espacios brumosos y desiertos!
¡Oh, Padre de los vivos, adónde van los muertos,
adónde van los muertos, Señor, adónde van!

Tal vez en un planeta bañado de penumbra
sin fin, que un sol opaco, ya casi extinto, alumbra,
cuitada peregrina, mirando en rededor
ilógicos aspectos de seres y de cosas,
absurdas perspectivas, creaciones misteriosas,
que causan extrañeza sutil y vago horror.

Acaso está muy sola. Tal vez mientras yo pienso
en ella, está muy triste; quizás con miedo esté.
Tal vez se abre a sus ojos algún arcano inmenso.
¡Quién sabe lo que siente, quién sabe lo que ve!

Quizá me grita: «¡Hijo!», buscando en mí un escudo
(¡mi celo tantas veces en vida la amparó!),
y advierte con espanto que todo se halla mudo,
que hay algo en las tinieblas, fatídico y sañudo,
que nadie la protege ni le respondo yo.

¡Oh, Dios! Me quiso mucho; sus brazos siempre abiertos,
como un gran nido, tuvo para mi loco afán!
Guiad hacia la Vida sus pobres pies inciertos.
¡Piedad para mi muerta! ¡Piedad para los muertos!
¡Adónde van los muertos, Señor, adónde van!

AL VIENTO Y AL MAR

Poco sé decir,
poco sé pensar:
al viento y al mar
les voy a pedir
mi nuevo cantar.
¡Al viento y al mar!

Al agua y al viento
fío el pensamiento
de mis nuevas rimas
(¡oh, mar, cuéntame un cuento!);
a la onda enorme
y a la racha informe
a cimas y a simas.

¡Oh, viento, compadre
de mi veleidad!
¡Oh, gran onda, madre
de la humanidad!
Quiero, viento y onda,

vuestra poesía.
(¡Viento, cuéntame un cuento!)

¡Oh, mar, dame un ritmo de belleza rara,
dame tu sal para
mi desabrimiento,
y un rumor que arrulle mi melancolía.

A UN PROMETEO

El proverbio latino harta razón tenía:
¡Non est magnum ingenium sine melancholia!

Un halo misterioso de inefable tristeza,
¡oh, titán dolorido!, circunda tu cabeza,
y bajo de tu frente predestinada y mustia,
no sé lo que es más grande, si tu genio o tu angustia.

Yo no puedo emularte ni en el bien ni en el daño:
¡Para sentir, amigo, no soy de tu tamaño!
¡Y a veces basta un rayo de sol, basta una rosa
para alegrarme... tanto como a una mariposa;
y el gemido del viento y el día que se viste
de nubes, y hasta un poco de amor, me ponen triste!

Tu altura llama al rayo, y a tí y al monte llega
primero el rayo. A tu alma la fatalidad griega

le sienta bien: el odio de un dios, la peña sola
donde espumarajean las iras de la ola.

Aléjate de un siglo nervioso, inquieto, móvil,
en que el viejo Mercurio se trocó en automóvil,
y Jove reina, pero cambiado en lluvia de oro;
en donde las oceanidas que cantaban en coro
dejaron las salobres caricias de sus mares
por París, prefiriendo los grandes bulevares
a la onda piadosa que cantaba al mecerlas,
y conservando sólo su afición a las perlas...

¡Aléjate! Ya el mundo no conoce a los grandes.
Te quedan tus montañas: tu Cáucaso, tus Andes,
tus incontaminados y quietos Himalayas,
en los que ni las nubes sepan adonde vayas.

¡ESTÁ BIEN!

Porque contemplo aún albas radiosas
en que tiembla el lucero de Belén,
y hay rosas, muchas rosas, muchas rosas:
gracias, ¡está bien!

Porque en las tardes, con sutil desmayo,
piadosamente besa el sol mi sien,

y aún la transfigura con su rayo:
          gracias, ¡está bien!

Porque en las noches una voz me nombra
(¡voz de quien yo me sé!), y hay un edén
escondido en los pliegues de mi sombra:
          gracias, ¡está bien!

Porque hasta el mal en mí don es del cielo,
pues que, al minarme, va, con rudo celo,
desmoronando mi prisión también;
porque se acerca ya mi primer vuelo:
          gracias, ¡está bien!

PAPÁ ENERO

Papá Enero, que tienes tratos
con los hielos y con las nieves
(y que sin embargo remueves
el celo ardiente de los gatos):

guarda en tu frío protector
el cuerpo y el ánima en flor
de mi niña de ojos azules
(en cuyas ropas y baúles
hay castidades de alcanfor).

Mantén sus ímpetus esclavos,
mantén heladas sus entrañas
(como los «fiords» escandinavos
en su anfiteatro de montañas).

Pon en su frente de azahares
y en su mirar, hondo y divino,
remotos brillos estelares,
quietud augusta de glaciares
y claridad de lago alpino.

PANORAMA

Un parque inmenso,
con sus glorietas,
sus avenidas,
y sus misterios.

Un verde estanque
con su agua inmóvil,
con sus barquillas
y con sus ánades.

Una montaña
con su castillo,
con su leyenda,
con su fantasma.

y aún la transfigura con su rayo:
　　　gracias, ¡está bien!

　Porque en las noches una voz me nombra
(¡voz de quien yo me sé!), y hay un edén
escondido en los pliegues de mi sombra:
　　　gracias, ¡está bien!

　Porque hasta el mal en mí don es del cielo,
pues que, al minarme, va, con rudo celo,
desmoronando mi prisión también;
porque se acerca ya mi primer vuelo:
　　　gracias, ¡está bien!

PAPÁ ENERO

　Papá Enero, que tienes tratos
con los hielos v con las nieves
(y que sin embargo remueves
el celo ardiente de los gatos):

　guarda en tu frío protector
el cuerpo y el ánima en flor
de mi niña de ojos azules
(en cuyas ropas y baúles
hay castidades de alcanfor).

Mantén sus ímpetus esclavos,
mantén heladas sus entrañas
(como los «fiords» escandinavos
en su anfiteatro de montañas).

Pon en su frente de azahares
y en su mirar, hondo y divino,
remotos brillos estelares,
quietud augusta de glaciares
y claridad de lago alpino.

PANORAMA

Un parque inmenso,
con sus glorietas,
sus avenidas,
y sus misterios.

Un verde estanque
con su agua inmóvil,
con sus barquillas
y con sus ánades.

Una montaña
con su castillo,
con su leyenda,
con su fantasma.

y aún la transfigura con su rayo:
        gracias, ¡está bien!

Porque en las noches una voz me nombra
(¡voz de quien yo me sé!), y hay un edén
escondido en los pliegues de mi sombra:
        gracias, ¡está bien!

Porque hasta el mal en mí don es del cielo,
pues que, al minarme, va, con rudo celo,
desmoronando mi prisión también;
porque se acerca ya mi primer vuelo:
        gracias, ¡está bien!

PAPÁ ENERO

Papá Enero, que tienes tratos
con los hielos y con las nieves
(y que sin embargo remueves
el celo ardiente de los gatos):

guarda en tu frío protector
el cuerpo y el ánima en flor
de mi niña de ojos azules
(en cuyas ropas y baúles
hay castidades de alcanfor).

Mantén sus ímpetus esclavos,
mantén heladas sus entrañas
(como los «fiords» escandinavos
en su anfiteatro de montañas).

Pon en su frente de azahares
y en su mirar, hondo y divino,
remotos brillos estelares,
quietud augusta de glaciares
y claridad de lago alpino.

PANORAMA

Un parque inmenso,
con sus glorietas,
sus avenidas
y sus misterios.

Un verde estanque
con su agua inmóvil,
con sus barquillas
y con sus ánades.

Una montaña
con su castillo,
con su leyenda,
con su fantasma.

y aún la transfigura con su rayo:
     gracias, ¡está bien!

Porque en las noches una voz me nombra
(¡voz de quien yo me sé!), y hay un edén
escondido en los pliegues de mi sombra:
     gracias, ¡está bien!

Porque hasta el mal en mí don es del cielo,
pues que, al minarme, va, con rudo celo,
desmoronando mi prisión también;
porque se acerca ya mi primer vuelo:
     gracias, ¡está bien!

PAPÁ ENERO

Papá Enero, que tienes tratos
con los hielos y con las nieves
(y que sin embargo remueves
el celo ardiente de los gatos):

guarda en tu frío protector
el cuerpo y el ánima en flor
de mi niña de ojos azules
(en cuyas ropas y baúles
hay castidades de alcanfor).

Mantén sus ímpetus esclavos,
mantén heladas sus entrañas
(como los «fiords» escandinavos
en su anfiteatro de montañas).

Pon en su frente de azahares
y en su mirar, hondo y divino,
remotos brillos estelares,
quietud augusta de glaciares
y claridad de lago alpino.

PANORAMA

Un parque inmenso,
con sus glorietas,
sus avenidas
y sus misterios.

Un verde estanque
con su agua inmóvil,
con sus barquillas
y con sus ánades.

Una montaña
con su castillo,
con su leyenda,
con su fantasma.

y aún la transfigura con su rayo:
        gracias, ¡está bien!

    Porque en las noches una voz me nombra
(¡voz de quien yo me sé!), y hay un edén
escondido en los pliegues de mi sombra:
        gracias, ¡está bien!

    Porque hasta el mal en mí don es del cielo,
pues que, al minarme, va, con rudo celo,
desmoronando mi prisión también;
porque se acerca ya mi primer vuelo:
        gracias, ¡está bien!

PAPÁ ENERO

    Papá Enero, que tienes tratos
con los hielos y con las nieves
(y que sin embargo remueves
el celo ardiente de los gatos):

    guarda en tu frío protector
el cuerpo y el ánima en flor
de mi niña de ojos azules
(en cuyas ropas y baúles
hay castidades de alcanfor).

Mantén sus ímpetus esclavos,
mantén heladas sus entrañas
(como los «fiords» escandinavos
en su anfiteatro de montañas).

Pon en su frente de azahares
y en su mirar, hondo y divino,
remotos brillos estelares,
quietud augusta de glaciares
y claridad de lago alpino.

PANORAMA

Un parque inmenso,
con sus glorietas,
sus avenidas
y sus misterios.

Un verde estanque
con su agua inmóvil,
con sus barquillas
y con sus ánades.

Una montaña
con su castillo,
con su leyenda,
con su fantasma.

y aún la transfigura con su rayo:
        gracias, ¡está bien!

Porque en las noches una voz me nombra
(¡voz de quien yo me sé!), y hay un edén
escondido en los pliegues de mi sombra:
        gracias, ¡está bien!

Porque hasta el mal en mí don es del cielo,
pues que, al minarme, va, con rudo celo,
desmoronando mi prisión también;
porque se acerca ya mi primer vuelo:
        gracias, ¡está bien!

PAPÁ ENERO

Papá Enero, que tienes tratos
con los hielos y con las nieves
(y que sin embargo remueves
el celo ardiente de los gatos):

guarda en tu frío protector
el cuerpo y el ánima en flor
de mi niña de ojos azules
(en cuyas ropas y baúles
hay castidades de alcanfor).

Mantén sus ímpetus esclavos,
mantén heladas sus entrañas
(como los «fiords» escandinavos
en su anfiteatro de montañas).

Pon en su frente de azahares
y en su mirar, hondo y divino,
remotos brillos estelares,
quietud augusta de glaciares
y claridad de lago alpino.

PANORAMA

Un parque inmenso,
con sus glorietas,
sus avenidas .
y sus misterios.

Un verde estanque
con su agua inmóvil,
con sus barquillas
y con sus ánades.

Una montaña
con su castillo,
con su leyenda,
con su fantasma.

y aún la transfigura con su rayo:
        gracias, ¡está bien!

Porque en las noches una voz me nombra
(¡voz de quien yo me sé!), y hay un edén
escondido en los pliegues de mi sombra:
        gracias, ¡está bien!

Porque hasta el mal en mí don es del cielo,
pues que, al minarme, va, con rudo celo,
desmoronando mi prisión también;
porque se acerca ya mi primer vuelo:
        gracias, ¡está bien!

PAPÁ ENERO

Papá Enero, que tienes tratos
con los hielos y con las nieves
(y que sin embargo remueves
el celo ardiente de los gatos):

guarda en tu frío protector
el cuerpo y el ánima en flor
de mi niña de ojos azules
(en cuyas ropas y baúles
hay castidades de alcanfor).

Mantén sus ímpetus esclavos,
mantén heladas sus entrañas
(como los «fiords» escandinavos
en su anfiteatro de montañas).

Pon en su frente de azahares
y en su mirar, hondo y divino,
remotos brillos estelares,
quietud augusta de glaciares
y claridad de lago alpino.

PANORAMA

Un parque inmenso,
con sus glorietas,
sus avenidas,
y sus misterios.

Un verde estanque
con su agua inmóvil,
con sus barquillas
y con sus ánades.

Una montaña
con su castillo,
con su leyenda,
con su fantasma.

Una princesa
por entre el bosque,
junto al estanque,
tras de la almena.

Y sobre de ello,
princesa, bosque, castillo, estanque,
flotando apenas,
mi ensueño.

MIS   MUERTOS

(Fragmento)

> *Vita mortuorum in memoria*
> *vivorum est posita.*
>
> CICERÓN

Alma, yo estoy unido con mis muertos,
con mis muertos tranquilos e inmutables,
con mis pálidos muertos
que desdeñan hablar y defenderse,
que mataron el mal de la palabra,
que solamente miran,
que solamente escuchan,
con su oído invisible y con sus ojos
cada vez más abiertos, mas abiertos,

en la inmóvil blancura de los cráneos;
que en posición horizontal, contemplan
el callado misterio de la noche,
y oyen el ritmo de las diamantinas
constelaciones en el negro espacio.

TRAGEDIA

La luna, jibosa, untaba
su luz sobre los «parterres»,
y el estanque nacaraba.
Un gato negro maullaba,
maullaba con muchas erres.

(¿No es cosa muy oportuna,
en versos funambulescos,
pintar con trazos grotescos
a los gatos y a la luna?)

Surgían cantando en corro
las fuentes—hervor de plata—
y era cada leve chorro,
bajo su irisado gorro,
flautín de una serenata.

La rotonda de Carrara
se asomaba a la extensión
del estanque, como para

copiar en el agua clara
su ágil gracia de Trianón.

Y en los boscajes inciertos
en que temblaban los nidos,
los dioses de mármol, yertos,
aunque con ojos abiertos,
ha un siglo estaban dormidos.

*

Cité a mi ilusión allí,
porque aquella «mise en scène»
Luis XV, cuadraba bien,
muy bien al ensueño, y

la locuela celestial
me envió a decir con la luna:
«No puedo ir, estoy mal;
un ángel me ha roto una
de mis alas de cristal.»

NO ME MUEVE MI DIOS PARA QUERERTE...

Señor, sin esperanza de un bien terreno
ni celeste, sin miedo de tu grandeza,
he de ser bueno, en nombre de la belleza,
del ritmo y la harmonía que hay en ser bueno.

Y quiero estar sereno, siempre sereno,
como la santa madre naturaleza
en las tardes de otoño, con la realeza
de un mar que late en calma como un gran seno.

Y quiero amarte sobre seres y cosas,
porque de las criaturas esplendorosas
eres el Arquetipo y el Soberano;
porque encarnas en todas las mujeres hermosas,
porque enciendes los astros y perfumas las rosas,
y dilatas la hondura del rebelde Oceano.

EPITALAMIO

A S. M. el Rey

I

Señor: todos los cuentos cuya ingenua fragancia
perfumó los tranquilos senderos de mi infancia,
contaban de las bodas de un Rey adolescente,
noble como una espada, como un Abril rïente,
con la bella Princesa de una isla lejana,
cándida y rubia como la luz de la mañana.

Y estampas luminosas mostraban, ya a los dos
recibiendo en el templo la bendición de Dios,
ya, en una perspectiva de ensueño, a los fulgores
del sol, los milagrosos cortejos de colores:

11

Infantas de pureza lilial y ojos azules,
cubiertas de brocados, de joyas y de tules;
Abades, con su adusta comunidad, vestida
de blanco y negro (sombras y luz: ¡como la vida!);
Señores y Embajadas, radiantes de oro y plata,
morados Arzobispos o Nuncios escarlata...

Los cuentos terminaban con frases siempre iguales,
siempre de esta manera: «Y hubo fiestas reales;
vinieron muchos Príncipes de paises extraños,
trayendo cada uno magnifico presente,
y la Princesa rubia y el Rey adolescente
vivieron muy felices y reinaron cien años.»

II

Señor: Rey de una tierra de clásica hidalguia
en donde, en otros tiempos, el sol no se ponía:
Rey de esta madre Patria que miran como hijos
innumerables pueblos, los cuales tienen fijos
hoy en ella sus ojos obscuros, con amor;
descendiente de claros monarcas, ¡oh Señor!,
en vos miramos todos los hijos de la Grey
hispana al joven símbolo de la Raza. Sois Rey
aún, en cierto modo, de América, como antes:
Rey, mientras que el idioma divino de Cervantes
melifique los labios y cante en las canciones
de diez y ocho Repúblicas y cincuenta millones
de seres; mientras rija las almas y la mano
el ideal austero del honor castellano.

Rey, mientras que las vírgenes de esa América mía
lleven en sus miradas el sol de Andalucia;
Rey, mientras que una boca, con celeste reclamo,
pronuncie en nuestra lengua sin par un «¡Yo te amo!»;
Rey, mientras de unos ojos o de unos labios brote
ya el llanto, ya la risa, leyendo a «don Quijote»;
Rey, mientras que no olviden, al palpitar las olas,
el ritmo que mecía las naos españolas;
Rey, mientras haya un héroe que oponga el firme pecho
como un baluarte para defender el derecho;
Rey, como cuando el manto de torres y leones,
cobijaba dos mundos como dos corazones;
Rey, en fin, en las vastas mitades del planeta,
mientras haya un hidalgo y un santo y un poeta.

III

Señor: aquesta rima que os trae mi labio ufano,
que siempre se gloria de hablar el Castellano,
es de mi bella patria la ofrenda perfumada,
el lírico homenaje de mi México amada;
de México, sirena que en dos mares se baña,
y a quien nuestros abuelos llamaron «Nueva España»,
porque en ella encontraron la imagen de este suelo:
la misma tierra ardiente y el mismo azul del cielo.

IV

Señor: como en los cuentos cuya ingenua fragancia
perfumó los tranquilos senderos de mi infancia,

celebráis vuestras bodas, vos, Rey adolescente,
noble como una espada, como un Abril ríente,
con la bella Princesa de una isla lejana,
cándida y rubia como la luz de la mañana.

¿Qué desear ahora para vuestro contento
sino que todo acabe también como en un cuento,
y pueda repetirse con las sacramentales
palabras de los cuentos:
                        «Y hubo fiestas reales;
vinieron muchos Príncipes de países extraños,
trayendo cada uno magnífico presente,
y la Princesa rubia y el Rey adolescente
vivieron muy felices y reinaron cien años!»

EL VIEJO SOLAR

¡Oh, las torres cuadradas, en la paz de la villa!
¡Oh, las lomas bermejas y el panzudo batán!
¡Oh, severo paisaje del solar de Castilla,
con tus diáfanos cielos y tu tierra amarilla
y ambiente vasto, como para un inmenso afán!

Silueta de mancebo, que, cuando el surco labras,
del claro azul recortas tu agraria majestad;
torreones caricientos al borde de las abras,

rebaños resonantes y trémulos de cabras,
que en la apacible tarde volvéis a la ciudad!

Toledo altiva y prócer, Valladolid, Segovia,
Avila cinta en torres, ascético Escorial,
Burgos huraña, cuya viril tristeza agobia...
oh, tierra de Castilla, te quiero como a novia:
a mi esquivez complaces, y en ti está bien mi mal.

SERENIDAD

AUTOBIOGRAFÍA

¿Versos autobiográficos? Ahí están mis canciones,
alli estan mis poemas: yo, como las naciones
venturosas, y a ejemplo de la mujer honrada,
no tengo historia: nunca me ha sucedido nada,
¡oh noble amiga ignota!, que pudiera contarte.

Allá en mis años mozos, adiviné del Arte
la harmonía y el ritmo, caros al Musageta,
y, pudiendo ser rico, preferí ser poeta.
—¿Y después?
        —He sufrido como todos y he amado.
—¿Mucho?
        —Lo suficiente para ser perdonado...

PRIMERA PÁGINA

He desdeñado todo lo pequeño,
y tranquilo, enigmático, risueño,
paso la vida mía
hilando la hebra de oro de mi ensueño
en la rueca de mi melancolía.

MEDIUMNIDAD

Antrum adjuvat vatem.

Si mis rimas fuesen bellas,
enorgullecerme dellas
no está bien,
pues nunca mias han sido
en realidad: al oído
me las dicta... ¡no sé «quién»!
Yo no soy más que el acento
del arpa que hiere al viento
veloz,
no soy más que el eco débil,
ya jubiloso, ya flébil,
de una voz.

Quizás a través de mí
van despertando entre sí
dos almas llenas de amor,
en un misterioso estilo,
y yo no soy más que el hilo
conductor.

SOLIDARIDAD

Alondra, ¡vamos a cantar!
Cascada, ¡vamos a saltar!
Riachuelo, ¡vamos a correr!
Diamante, ¡vamos a brillar!
Aguila, ¡vamos a volar!
Aurora, ¡vamos a nacer!
      ¡A cantar!
      ¡A saltar!
      ¡A correr!
      ¡A brillar!
      ¡A volar!
      ¡A nacer!

Más allá del río insano
de la vida del bullir
pasional, el Oceano
Pacifico del morir...
Con su gris onda severa,

con su inmensa espalda inerte
que no azota volandera
brisa alguna...
            Y mi galera
de ébano y plata se advierte
sola, en el mar sin ribera
de la Muerte!

LA MONTAÑA

Desde que no persigo las dichas pasajeras,
muriendo van en mi alma temores y ansiedad:
la Vida se me muestra con amplias y severas
perspectivas, y siento que estoy en las laderas
de la montaña augusta de la Serenidad.

Comprendo al fin el vasto sentido de las cosas,
sé escuchar en silencio lo que en redor de mí
murmuran piedras, árboles, ondas, auras y rosas
Y advierto que me cercan mil formas misteriosas
que nunca presentí.

Distingo uń santo sello sobre todas las frentes;
un divino «m e f e c i t D e u s», por dondequier,
y noto que me hacen signos inteligentes
las estrellas, arcano de las noches fulgentes,
y las flores, que ocultan enigmas de mujer.

La Esfinge, ayer adusta, tiene hoy ojos serenos;
en su boca de piedra florece un sonreir
cordial, y hay en la comba potente de sus senos
blanduras de almohada para mis miembros llenos
a veces de la honda laxitud del vivir.

Mis labios, antes pródigos de vérsos y canciones,
ahora experimentan el deseo de dar
ánimo a quien desmaya, de verter bendiciones,
de ser caudal perenne de aquellas expresiones
que saben consolar.

Finé mi humilde siembra; las mieses en las eras
empiezan a dar fruto de amor y caridad;
se cierne un gran sosiego sobre mis sementeras;
mi andar es firme...
                    ¡Y siento que estoy en las laderas
de la montaña augusta de la Serenidad!

VENGANZA

Hay quien arroja piedras a mi techo, y después
hurta hipócritamente las manos presurosas
que me dañaron...
                    Yo no tengo piedras, pues
sólo hay en mi huerto rosales de olorosas
rosas frescas, y tal mi idiosincrasia es,
que aun escondo la mano tras de tirar las rosas.

VIA, VERITAS ET VITA

Ver en todas las cosas
de espíritu incógnito las huellas;
contemplar
sin cesar
en las diáfanas noches misteriosas,
la santa desnudez de las estrellas.
¡Esperar!
¡Esperar!
¿Qué? ¡Quién sabe! Tal vez una futura
y no soñada paz.
Sereno y fuerte,
correr esa aventura
sublime y portentosa de la muerte.

Mientras, amarlo todo... y no amar nada,
sonreir cuando hay sol y cuando hay brumas;
cuidar de que en el áspera jornada
no se atrofien las alas, ni oleada
de cieno vil ensucie nuestras plumas:

Alma: tal es la orientación mejor,
tal es el instintivo derrotero
que nos muestra un lucero
interior.

Aunque nada sepamos del destino,
la noche a no temerlo nos convida.
Su alfabeto de luz, claro y divino,
nos dice: «Ven a mí: soy el Camino,
la Verdad y la Vida.»

É X T A S I S

¡Serenidad! ¡Serenidad!
                    El mar,
como un gran poeta, nos anima
al ensueño, y el enjambre estelar
tan inmediato nos parece estar
cual si fuese a caérsenos encima,
derrumbándose como inmenso altar...

Un gran fleco espumoso
se desgarra en la arena lentamente,
como encaje de albor fosforescente,
y a la vez —¡oh milagro!— melodioso.

El mar, así arropado
en la diáfana noche diamantina,
se nos figura más desmesurado
que cuando a plena luz lo hemos mirado:
¡siempre es más grande lo que se adivina!

¡Serenidad! ¡Serenidad!
                    La palma
con esbelteces núbiles, descuella
cual Sulamita en éxtasis,
                    ...y el alma
comulga con la luz de cada estrella.

LLEGÓ EL OTOÑO

¡Oh mi dilecta paz laboriosa,
mis placideces de solitario
junto a la almita cándida, lírica y jubilosa
de mi canario!

¡Oh sutil aire lleno de arbóreas
emanaciones; oh cielo límpido que se descubre
de mis ventanas; oh loca esencia de mis marmóreas
varas de nardo (nieve olorosa del mes de octubre)!

¡Precoz blancura de la eminente
y augusta cumbre del Guadarrama!
¡Tinte ya sepia, pero riente
aún y su ave del panorama!

¡Sol quizá triste, por lo distante;
mas con celeste blandura dando su luz y abrigo!
¡Sol que sonríe como el semblante
acaso pálido, mas bondadoso, de un viejo amigo!

Y en cada brote, flor o retoño,
cierta solemne gracia tardía
que nos murmura: «¡Soy el otoño! Soy el otoño
lleno de santa melancolía...»

«Pasó el verano que hace a la virgen tan seductora;
pasó el impulso febril que sexos y almas agita;
ya del silencio contemplativo llegó la hora...
Piensa serenamente en lo Arcano, ¡calla... medita!»

RENUNCIACIÓN

Oh Siddharta Gautama, tú tenías razón:
las angustias nos vienen del deseo: el edén
consiste en no anhelar, en la renunciación
completa, irrevocable, de toda posesión:
quien no desea nada, dondequiera está bien.

El deseo es un vaso de infinita amargura,
un pulpo de tentáculos insaciables, que al par
que se cortan, renacen para nuestra tortura.
El deseo es el padre del esplín, de la hartura,
¡y hay en él más perfidias que en las olas del mar!

Quien bebe como el Cínico el agua con la mano,
quien de volver la espalda al dinero es capaz,
quien ama sobre todas las cosas al Arcano,

¡ése es el victorioso, el fuerte, el soberano,
y no hay paz comparable con su perenne paz!

FIDELIDAD

De todo y todo lo que yo he amado,
sólo las rimas no me han dejado.
Conmigo moran bajo la tienda,
o vuelan ágiles a mi lado,
mientras claudico, ya fatigado,
por agria senda.

Doliente, triste... mas resignado
a que ninguno mi mal comprenda,
en el Misterio me he refugiado.
En la comarca de lo,soñado,
frente al castillo de la Leyenda,
vivo ignorado.
Pero las rimas no me han dejado:
conmigo moran bajo la tienda.

«Vœ s o l i !»... dice, rugiendo airado,
el Viento, en torno de mi vivienda.
«Vœ s o l i !» aúlla desesperado...
Y yo le grito (para que entienda):
—«No estoy tan solo, compadre alado:
tengo mis rimas; no me han dejado:
·conmigo moran bajo la tienda.»

SERENA TU ESPÍRITU

Serena tu espíritu, vive
tu vida en paz.
Si sólo eres sombra que traga
la eternidad,
¿por qué te torturas, por qué
sufrir, llorar?

¿Que fuiste infeliz una hora?
Pues buscalá...
¿En dónde se encuentra esa hora?
Pasó... ¡no es más!
Tu pobre vivir, malo, bueno,
cayendo va
en un pozo obscuro... Las dichas
¿qué más te dan,
si apenas adviertes un goce
ya muerto está?

¡Serena tu espíritu, vive
tu vida en paz!

YO NO SOY DEMASIADO SABIO...

Yo no soy demasiado sabio para negarte,
Señor; encuentro lógica tu existencia divina;
me basta con abrir los ojos para hallarte;
la creación entera me convida a adorarte,
y te adoro en la rosa y te adoro en la espina.

¿Qué son nuestras angustias para querer por ellas
argüirte de cruel? ¿Sabemos por ventura
si tú con nuestras lágrimas fabricas las estrellas,
si los seres más altos, si las cosas más bellas
se amasan con el noble barro de la amargura?

Esperemos, suframos, no lancemos jamas
a lo Invisible nuestra negación como un reto.
Pobre criatura triste, ¡ya verás, ya verás!
La Muerte se aproxima... ¡De sus labios oirás
el celeste secreto!

ULTRAVIOLETA

Hay problemas que tienen claridades de luna
y otros con esplendores de mañana de abril.

Mi problema, luz vierte muy blanda y oportuna:
no es que esté obscuro, es una
claridad más sutil

Claridad para ojos crepusculares, para
ojos contemplativos, avezados a ver
ese presentimiento de luz tan tenue y rara ·
que palpita en los ortos, antes de amanecer...

S O L

Mi alma serena vive y sumisa.
Maté tristezas, ansia, inquietud.
Sobre el desastre de mi salud,
brilla el sol claro de mi sonrisa.

Nada mi firme sosiego altera.
La vida amasa barro a mis pies;
pero mi frente más limpia es
que un medio día de primavera.

Doliente amigo: ven de mí en pos.
Si estás por sombras obscurecido,
yo con los tristes mi sol divido:
¡hay luz bastante para los dos!

COMUNIÓN

Son horas de infinita serenidad, muy bellas,
y en idéntico ensueño comulgamos los dos.
La noche nos regala con un montón de estrellas:
la paz está en las almas... ¡Bendigamos a Dios!

Dilata tus pupilas para que el firmamento
refleje y copie en ellas su augusta majestad.
¡Ensancha bien tu espíritu! Abre tu pensamiento,
¡para que en ellos quepa toda la eternidad!

SOÑAR ES VER...

Soñar es « v e r: » un ángel que llega callandito,
deshace nuestras vendas con dedos marfileños...
La noche es de los dioses; soñando, los visito.
¡Quién sabe qué ventanas que dan al Infinito
nos abren los ensueños!

DE PASADA

A mis presurosos años, que serenos
por el mundo marchan, al placer ajenos,
díceles la Dicha, viéndoles venir,
y ellos le responden lo que vais a oir:

—«Oh la turba pálida, ¿por qué tan de prisa?
Descansad un rato, vuestra es mi morada;
os daré mi lecho, mi pan, mi sonrisa...»

—«Somos peregrinos; vamos de pasada;
no queremos nada.»

—«Aceptad al menos, para restauraros,
la cándida leche, recién ordeñada,
de mi vaca negra de los ojos claros...»
—«Somos peregrinos; vamos de pasada:
no queremos nada.»

—«Respirad un poco la ideal esencia
de mis bellas flores que el rocío baña:
hay lirios de Harlem, rosas de Florencia,
claveles de España...
Escuchad siquiera los diáfanos trinos
de mis ruiseñores bajo la enramada...»

—«Somos peregrinos;
vamos de pasada;
no queremos nada.»

¡OH, LA RAPAZA!

Oh, la rapaza de quince abriles,
asustadiza como las corzas
y los antílopes...

      ¡No, no duquesas ni damiselas
llenas de nervios y de melindres,
de carnes flácidas,
embadurnadas de crema y tintes!

¡Estoy cansado de «P o s e» y seudo-
refinamiento, de snobs y títeres!

Dame tu boca tan fresca,
dame tus brazos tan firmes,
dame tus ojos,
dame tu cuello;
dáteme toda tú, virgen!

NOCTURNO PARISIENSE

Desde la terraza de un café.

Pasa la barba poética,
fluvial y profética,
de un bohemio que no come nada...

Pasa la paz apoplética
y congestionada
de un vividor...
                    Pasa, hética,
alguna peripatética
trasnochada,
muy pintada...

Pasa un apache con una
golfa.—Queda el bulevar
encomendado a la luna
de París...
          ¡Voime a acostar!

—Bueno, y a qué tanta vana
verba...
—Pues pregúntalo
mañana:

Hoy es tarde y tengo gana
«d e f a i r e d o d o!»

LOS CUATRO CORONELES DE LA REINA

La reina tenia
cuatro coroneles:
un coronel blanco,
y un coronel rojo,
y un coronel negro,
y un coronel verde.

El coronel blanco, nunca fué a la guerra;
montaba la guardia cuando los banquetes,
cuando los bautizos y cuando las bodas;
usaba uniforme de blancos satenes;
cruzaban su pecho brandeburgos de oro,
y bajo su frente,
que la gran peluca nivea ennoblecía,
sus límpidos ojos de un azul celeste
brillaban, mostrando los nobles candores
de un adolescente.

El coronel rojo, siempre fué a la guerra
con sus mil jinetes
o, llevando antorchas en las cacerías,
con ellas pasaba cual visión de fiebre.

Un yelmo de oro con rojo penacho
cubría sus sienes;
una capa flotante de púrpura
al cuello ceñía con vivos joyeles,
y su estoque ostentaba en el puño
enorme carbúnculo ardiente.

El coronel negro para las tristezas,
los duelos y las
capillas ardientes;
para erguirse cerca de los catafalcos
y a las hondas criptas descender solemne,
presidiendo mudas filas de alabardas,
tras los ataúdes de infantes y reyes.

Mas cuando la reina dejaba el alcázar,
a furtos de todos, recelosa y leve;
cuando por las tardes, en su libro de horas,
miniado por dedos de monje paciente,
murmuraba rezos tras de los vitrales;
cuando en el reposo de los escabeles
bordaba rubíes sobre los damascos,
mientras la tediosa cauda de los meses
pasaba arrastrando sus mayos floridos,
sus julios quemantes, sus grises diciembres;
cuando en el sueño sumergía su alma,
silencioso, esquivo, la guardaba siempre
con la mano puesta sobre el fino estoque,
el coronel verde...

El coronel verde llevaba en su pecho
vivo coselete
color de cantárida; fijaba en su reina
ojos de batracio, destilando fiebre;
trémula esmeralda lucía en su dedo,
menos que sus crueles
miradas de ópalo, henchidas de arcanos
y sabiduría, como de serpiente...

Y desde que el orto sus destellos lanza
hasta que en ocaso toda luz se pierde,
quizás como un símbolo, como una esperanza,
¡iba tras la reina su coronel verde!

¡PARÍS!

Se escuchan lejanas orquestas
que tienen no sé qué virtud.
El Bosque es un nido de fiestas...
¡Oh! ¡mi juventud!

Islotes de azul claridad,
cascada que en blando fluir
despeña su diafanidad,
¡dicha de vivir!

Mujeres que sólo se ven
aquí, como cisnes, pasar,

y prometedoras de un bien
que no tiene par...

Prestigio de flores de lis,
perfume de labios en flor...
¡París! ¡Oh, Paris! ¡Oh, Paris!
¡Invencible amor!

WHISKY AND SODA

Aun cuando yo no beba (quizás por no poder)
ni el familiar e inocuo vermut, no se incomoda
mi moral con el triste cuyo solo placer
es el topacio líquido de su whisky con soda.

Si, como Baudelaire dijo, es fuerza estar ebrios
de algo (virtud, ensueño, vino, amor), yo querría
más que el tosco excitante de glóbulos y nervios
vivir borracho de éxtasis, de fe, de poesía...

¡Pero siento no sé qué atracción singular
por aquellos misántropos de soledad beoda
y lírica, que buscan en el fondo del bar
las mentales caricias de su whisky con soda!

SILENCIOSAMENTE

Silenciosamente miraré tus ojos,
silenciosamente cogeré tus manos,
silenciosamente,
cuando el sol poniente
nos bañe en sus rojos
fuegos soberanos,
posaré mis labios en tu limpia frente,
y nos besaremos como dos hermanos.

Ansío ternuras castas y cordiales,
dulces e indulgentes rostros compasivos,
manos tibias... ¡tibias manos fraternales!
ojos claros... ¡claros ojos pensativos!

Ansío regazos que a entibiar empiecen
mis otoños; almas que con mi alma oren;
labios virginales que conmigo recen;
diáfanas pupilas que conmigo lloren.

COBARDÍA

Pasó con su madre. ¡Qué rara belleza!
¡Qué rubios cabellos de trigo garzul!

¡Qué ritmo en el paso! ¡Qué innata realeza
de porte! Qué formas bajo el fino tul...

Pasó con su madre. Volvió la cabeza:
¡me clavó muy hondo su mirada azul!

Quedé como en éxtasis...
                              Con febril premura,
«¡Síguela!» gritaron cuerpo y alma al par.

...Pero tuve miedo de amar con locura,
de abrir mis heridas, que suelen sangrar,
¡y no obstante toda mi sed de ternura,
cerrando los ojos, la dejé pasar!

PÁJARO MILAGROSO

Pájaro milagroso, colosal ave blanca
que realizas el sueño de las generaciones:
tú que reconquistaste para el ángel caído
las alas que perdiera luchando con los dioses;
pájaro milagroso, colosal ave blanca,
jamás mis ojos, hartos de avizorar el orbe,
se abrieron más que ahora para abarcar tu vuelo,
mojados por el llanto de las consolaciones.

¡Por fin!, ¡por fin!, clamaba mi espíritu imperioso;
¡por fin!, ¡por fin!, decía mi corazón indócil;

¡por fin!, cantaba el ritmo de la sangre en mis venas;
¡por fin tenemos alas los hijos de los hombres!

Padre, que ansiabas esto, que moriste sin verlo;
poetas que por siglos soñasteis tales dones,
Icaros lamentables que despertabais risas,
¡hoy, sobre vuestras tumbas, vuela zumbando, enorme,
el milagroso pájaro de las alas nevadas,
que cristaliza el sueño de las generaciones!
¡Y se abren para verle más aún vuestras cuencas,
y vuestros huesos áridos se coronan de flores!

¡Oh Dios, yo que cansado del trajín triste y frivolo
del mundo, muchas veces ansié la eterna noche,
hoy te digo: ¡más vida, Señor, quiero más vida
para poder cernerme como un águila, sobre
todas las vanidades y todas las bellezas,
proyectando sobre ellas mi vasto vuelo prócer!

¡Ya tenemos de nuevo pegaso los poetas!
¡Y qué pegaso, amigos, nos restituye Jove!

Exaltación divina llene nuestros espíritus,
un «Tedeum Laudamus» de nuestros labios brote,
y mueran sofocadas por las manos viriles,
viejas melancolías, vagas preocupaciones.

¡A vivir! ¡A volar! ¡Borremos las fronteras!
¡Gobiernos, vanamente queréis hacer un óbice
de lo que es un gran signo de paz entre los pueblos!

¡No mancilléis al pájaro celeste con misiones
de guerra: él las rechaza; nació para el mensaje
cordial, y siembra besos de paz entre los hombres!

EL CONVENTO

Oh sonado convento,
donde no hubiera dogmas,
sino mucho silencio...
Una gran biblioteca,
un vastísimo huerto
con recodos de sombra,
de quietud y misterio,
y en él un telescopio
para asomarse al cielo,
¡para mirar siquiera
la Patria desde lejos,
mientras llega el instante
de volver a lo eterno!

SUPREMO ARRULLO

Cuando en el ponto sonoro,
el sol, milagro de oro,
diaria transfiguración,
derrama en la onda sumisa
como una sonrisa

sus rayos que hacían cantar a Memmon,
las viejas sirenas repasan en coro
una nueva canción.

Tiene la canción, divino
ritmo, lento, cristalino,
(que recuerda un responso latino),
y hecha está para arrullar
a las víctimas de cada submarino
que rotos los flancos, en un torbellino
de espumas, al fondo desciende del mar.

SÍ, POBRE VIEJECITA...

Sí, pobre viejecita, ya ninguno te escucha!
Los fastidias a todos con tu buena memoria.
Tu lentitud es grande; su frivolidad, mucha...
y te huyen porque siempre narras la misma historia.

Pero yo soy paciente, y sentado a tu puerta,
escucharé. No temas; puedes hablar tranquila,
mientras menea el viento las ramas de la huerta
y se muere a lo lejos un crepúsculo lila.

Déjalos que se vayan, en su atolondramiento,
a decir ellos y ellas, palabras mentirosas,
y cuéntame, abuelita, tu mismo viejo cuento,
al compás de tus manos largas y sarmentosas.

ELEVACIÓN

LUGAR COMÚN

Lugar común, seas
loado por tu límpida prosapia,
y nunca más desdéñente los hombres.
Expresión dicha ya por cien millones
de bocas, está así santificada.
Cien millones de bocas
han clamado: «Dios mío», y cien millones
de veces el Eterno
encarnó en ese grito.
Cien millones de bocas
dijeron «Yo te amo»,
y al decirlo engendraron cien millones
de veces al amor, padre del mundo.
Hay todavía locos que pretenden
decirnos algo nuevo, porque ignoran
los libros esenciales

en que está dicho todo.
Buscan las frases bárbaras,
las torcidas sintaxis,
los híbridos vocablos nunca juntos
antes, y gritan: «Soy un genio, ¡eureka!»
...Mas los sabios escuchan y sonríen.

¡Oh, tú, Naturaleza, madre santa!
¡Oh, tú, la siempre igual y siempre nueva,
monótona, uniforme, simple, como
la eternidad: bendita seas siempre!
Bendito seas, mar, cantor perpetuo
de la misma canción... Bendito seas,
viento, que hieres las perennes cuerdas
de los árboles quietos y sumisos.
Bendito seáis, moldes
de donde surge el mundo cada día
semejante a sí propio;
bendita la unidad de las estrellas;
bendita la energía
de donde todo viene, y que es idéntica
bajo diversas fases ilusorias.
Hablemos cual los dioses,
que siempre hablan lo mismo.
Digamos las palabras
sagradas que dijeron los abuelos
al reir y al llorar,
al amar y al morir
Mas al decir: «amor», «dolores», «muerte»,

digámoslo en verdad,
con amor, con dolores y con muerte.

¡OH SANTA POBREZA!

Oh santa pobreza,
dulce compañia,
timbre de nobleza,
cuna de hidalguia:
ven, entra en mi pieza,
tiempo ha no te vía!

Pero te aguardaba,
y austero pasaba
la existencia mía.

¡Oh santa pobreza,
crisol de amistades,
orto de verdades,
venero de alteza
y aguijón de vida:
ven, entra en mi pieza,
seas bienvenida!

Callado y sereno
me hallarás, y lleno
del alto Ideal
. que en los rubios días

de mis lozanías,
y ahora en mi ocaso,
aviva mi paso
por el erial.
¡Oh santa pobreza,
dulce compañía:
ven, entra en mi pieza,
tiempo ha no te vía!

¡RENOMBRE!

¡Renombre, renombre! ¿qué quieres de mí?
¡Déjame en mi sombra, tu vuelo detén,
calla de tus trompas el son baladí...!
¡Si hicieses ruído se iría de aquí
Dios, único bien!
. . . .

¡Renombre, renombre, vete! Muchos quieren
que halagues su oído;
muchos que se mueren
de hambre y sed de elogios... Olvídame a mí,
con un gran olvido:
como si jamás hubiera existido.
Y no hagas ruido,
que estoy bien así.

EL DON

Oh vida, ¿me reservas por ventura algún don?
(Atardece. En la torre suena ya la oración).
Oh vida, ¿me reservas por ventura algún don?

Plañe en las ramas secas el viento lastimero;
se desangra el crepúsculo en un vivo reguero...
Oh vida, ¡dime cuál será ese don postrero!

¿Será un amor muy grande tu regalo mejor?
(¡Unos ojos azules, unos labios en flor!)
¡Oh, qué dicha, qué dicha si fuese un gran amor!

¿O será una gran paz: ésa que necesita
mi pobre alma, tras tanto peregrinar con cuita?
¡Sí, tal vez una paz... una paz infinita!

...¿O más bien el enigma del que camino en **pos**
se aclarará, encendiéndose como una estrella en **los**
hondos cielos, y entonces ¡por fin! hallaré a Dios?

Oh vida, que devanas aún esta porción
de mis dias obscuros: suena ya la oración;
cae la tarde... ¡Apresúrate a traerme tu don!

TODO YO

Todo yo soy un acto de fe.
Todo yo soy un fuego de amor.
En mi frente espaciosa lee,
mira bien en mis ojos de azor:
¡hallarás las dos letras de FE
y las cuatro, radiantes, de AMOR!

Si vacilas, si deja un porqué
en tu boca su acerbo amargor,
¡ven a mí, yo convenzo, yo «s é»!

Mi vida es mi argumento mejor.
Todo yo soy un acto de FE.
Todo soy yo un fuego de AMOR.

AMABLE Y SILENCIOSO

Amable y silencioso ve por la vida, hijo.
Amable y silencioso como rayo de luna
En tu faz, como flores inmateriales, deben
florecer las sonrisas.

Haz caridad a todos de esas sonrisas, hijo.
Un rostro siempre adusto es un día nublado,
es un paisaje lleno de hosquedad, es un libro
en idioma extranjero.

Amable y silencioso ve por la vida, hijo.
Escucha cuanto quieran decirte, y tu sonrisa
sea elogio, respuesta, objeción, comentario,
advertencia y misterio...

EN PAZ

Artifex vitœ, artifex sui.

Muy cerca de mi ocaso, yo te bendigo, Vida,
porque nunca me diste ni esperanza fallida
ni trabajos injustos, ni pena inmerecida;

Porque veo al final de mi rudo camino
que yo fuí el arquitecto de mi propio destino;
que si extraje las mieles o la hiel de las cosas,
fué porque en ellas puse hiel o mieles sabrosas:
cuando planté rosales, coseché siempre rosas.

Cierto, a mis lozanías va a seguir el invierno:
¡mas tú no me dijiste que Mayo fuese eterno!

Hallé sin duda largas las noches de mis penas;
mas no me prometiste tú sólo noches buenas;
y en cambio tuve algunas santamente serenas...

Amé, fuí amado, el sol acarició mi faz.
¡Vida, nada me debes! ¡Vida, estamos en paz!

EXPECTACIÓN

Siento que algo solemne va a llegar en mi vida.
¿Es acaso la muerte? ¿Por ventura el amor?
Palidece mi rostro; mi alma está conmovida,
y sacude mis miembros un sagrado temblor.

Siento que algo sublime va a encarnar en mi barro,
en el mísero barro de mi pobre existir.
Una chispa celeste brotará del guijarro,
y la púrpura augusta va el harapo a teñir.

Siento que algo solemne se aproxima, y me hallo
todo trémulo; mi alma de pavor llena está.
Que se cumpla el destino, que Dios dicte su fallo.
Mientras, yo, de rodillas, oro, espero y me callo,
para oir la palabra que el ABISMO dirá.

EL CASTAÑO NO SABE...

El castaño no sabe que se llama castaño;
mas al aproximarse la madurez del año,
nos da su noble fruto de perfume otoñal;
y Canopo no sabe que Canopo se llama;
pero su orbe coloso nos envía su llama,
y es de los universos el eje sideral.

Nadie mira la rosa que nació en el desierto;
mas ella, ufana, erguida, muestra el cáliz abierto,
cual si mandara un ósculo perenne a la extensión.
Nadie sembró la espiga del borde del camino,
ni nadie la recoge; mas ella, con divino
silencio, dará granos al hambriento gorrión.

¡Cuántos versos, oh, cuántos, pensé que nunca he escrito,
llenos de ansias celestes y de amor infinito,
que carecen de nombre, que ninguno leerá;
pero que, como el árbol, la espiga, el sol, la rosa,
cumplieron ya, prestando su expresión armoniosa
a la INEFABLE ESENCIA, que es, ha sido y será!

SI UNA ESPINA ME HIERE...

Si una espina me hiere, me aparto de la espina
...pero no la aborrezco!
             Cuando la mezquindad
envidiosa en mí clava los dardos de su inquina,
esquívase en silencio mi planta, y se encamina
hacia más puro ambiente de amor y caridad.

¿Rencores? ¡De qué sirven! ¡Qué logran los rencores!
Ni restañan heridas, ni corrigen el mal.
Mi rosal tiene apenas tiempo para dar flores,
y no prodiga savias en pinchos punzadores:
si pasa mi enemigo cerca de mi rosal,

Se llevará las rosas de más sutil esencia;
y si notare en ellas algún rojo vivaz,
¡será el de aquella sangre que su malevolencia
de ayer vertió, al herirme con encono y violencia,
y que el rosal devuelve, trocada en flor de paz!

CALLEMOS...

¡Cuánto, cuánto se habla
sin ton ni son; qué declamar perpetuo

de retóricas nulas!
   ¿No es mejor por ventura el silencio?

   Que el ESPÍRITU selle nuestra boca
con sus siete sellos,
y florezcan en paz nuestros enigmas...
¡Callemos, callemos!

   ¡Oh! la estéril balumba... ¡Y ser la VIDA
tan honda como es! ¡ser el misterio
tan insondable!
Triste afán de ruido que mancilla lo ETERNO
que palpita en nosotros...
¡Callemos, callemos!

   Los ángeles vendrán a reposarse
en las ramas del árbol mudo y quieto,
como divinos pájaros de nieve.
¡Hay tantas cosas que callar con ellos!

   Debe callarse todo lo sublime,
todo lo excelso.
Hasta los nombres que a las cosas damos,
empañan el espejo
del SER, en que se mira
el ARQUETIPO, trémulo
de luz, de santidad y de pureza.
¡Callemos, callemos!

   En el callar hay posibilidades
sin límite, hay portentos

celestes, hay estrellas, más estrellas
que en todo el firmamento.

El alma y Dios se besan, se confunden,
y son una sola alma en el inmenso
mar del éxtasis, manso, inalterable...
¡Callemos, callemos!

¡OH DOLOR!

Oh dolor, buen amigo, buen maestro de escuela,
gran artífice de almas, incomparable espuela
para el corcel rebelde... hiere, hiere hasta el fin!
¡A ver si de ese modo,
con un poco de lodo,
forjas un serafin!

SICUT NAVES...

Ships that pass in the night...

LONGFELLOW.

Los hombres son «cual naves que pasan en la noche...»
¡Adónde van, adónde!

¡Qué negro está en redor
el mar! Chocan las olas con el casco, y producen
un plañido monótono... Hace frío. Los astros
se recatan; el viento su látigo implacable
chasquea entre las sombras.

El pobre nauta tiembla de miedo. Las heladas
garras de un gran enigma su corazón oprimen;
sus esperanzas gimen
solas y abandonadas,
uniendo a los plañidos del agua su reproche.
En redor ¡cuántas cosas hostiles e ignoradas!
Los hombres son «cual naves que pasan en la noche.

Pero de pronto el nauta mira al cielo: ¿es de un astro
ese rayito pálido que desgarró la nube?
¡Fué la visión tan breve!... Mas un sutil instinto,
un no sé qué, en lo hondo del conturbado espíritu,
le dice: «No estás solo. La noche es un engaño.
Dios hizo las tinieblas para obligar al triste
a que cierre los ojos y mire en su interior
la verdad escondida.
Si los ojos abiertos son para ver la vida,
con los ojos cerrados es como ve el amor.

La rosa del arcano tiene invisible broche;
pero tenaz perfume, que denuncia el camino.
Los hombres son «cual naves que pasan en la noche,
¡mas en el alma llevan un timonel divino!»

YA NO TENGO IMPACIENCIA...

Ya no tengo impaciencia, porque no aguardo nada...
Ven, Fortuna, o no vengas; que tu máquina alada
llegue al toque del alba, llegue al toque de queda;
con el brote abrileño, con la hoja que rueda...
Ya no tengo impaciencia, porque no aguardo nada.

Al fulgor de las tardes, del balcón anchuroso
de mi estancia tranquila, con un libro en la mano,
yo contemplo el paisaje, siempre austero y hermoso;
y mi espíritu plácido, con fervor religioso,
tiende amante las alas de oro en pos del Arcano.

Nadie turba las aguas deste lago dormido
de mi ser, deste lago de caudal puro y terso.
No hay afán que me inquiete; nada quiero ni pido,
y del cáliz de mi alma, cual aroma elegido,
brota cándido, uncioso y apacible, mi verso!

PECAR...

En la armonía eterna, pecar es disonancia;
pecar proyecta sombras en la blancura astral.

El justo es una música y un verso, una fragancia
y un cristal.

En la madeja santa de luz de los destinos,
pecar es negro nudo, tosco nudo aislador.
Pecar es una piedra tirada en los caminos
del amor...

Pecar es red de acero para el plumaje ingrávido;
membrana en la pupila que quiere contemplar
el ideal; parálisis en el ensueño, ávido
de volar.

Oh mi alma, ya no empañes tu pura esencia ignota;
no te rezagues de la bandada, que veloz
traza una gran V trémula en la extensión remota.
Oh mi alma, une al gran coro de los mundos la nota
de tu voz...

SI TÚ ME DICES «¡VEN!»

Si tú me dices: «¡Ven!», lo dejo todo...
No volveré siquiera la mirada
para mirar a la mujer amada...
Pero dímelo fuerte, de tal modo,
que tu voz, como toque de llamada,
vibre hasta en el más intimo recodo

del ser, levante el alma de su lodo
y hiera el corazón como una espada.

Si tú me dices: «¡Ven!», todo lo dejo.
Llegare a tu santuario casi viejo,
y al fulgor de la luz crepuscular;
mas he de compensarte mi retardo,
difundiéndome, oh Cristo, como un nardo
de perfume sutil, ante tu altar!

LA MEJOR POESÍA

*Silence is deep as Eternity,
speech is shallow as Time.*

CARLYLE

No escribiré más versos, oh misteriosos númenes,
no imprimiré más vanos y sonoros volúmenes»
—el poeta decia—.
«De hoy más, sea el silencio mi mejor poesia.
De hoy más, el ritmo noble de mis actos diversos,
sea, celestes númenes, el ritmo de mis versos.
De hoy más, estos mis ojos, de mirar claro y puro,
cerca de cuya lumbre todo verso es obscuro,
traduzcan lo inefable de mis ansias supremas,
mejor que las estrofas de los hondos poemas...»
«Y lo que su silencio no supiere expresar,

leedlo en las estrellas, las montañas, el mar;
en la voz temblorosa de una amante mujer
(siempre y cuando su enigma sutil sepáis leer);
en las brisas discretas, en el trueno salvaje,
y en la nube andariega que siempre va de viaje»

«¡Oh diáfano hilo de agua: lo que yo callo dí!
¡Oh rosa milagrosa: haz tú versos por mí!»

DIOS TE LIBRE, POETA

    Dios te libre, poeta,
de verter en el cáliz de tu hermano
la más pequeña gota de amargura.
    Dios te libre, poeta,
de interceptar siquiera con tu mano
la luz que el sol regale a una criatura.

    Dios te libre, poeta,
de escribir una estrofa que contriste;
de turbar con tu ceño
y tu lógica triste
la lógica divina de un ensueño;
de obstruir el sendero, la vereda
que recorra la más humilde planta;
de quebrantar la pobre hoja que rueda;
de entorpecer, ni con el más suave

de los pesos, el ímpetu de un ave
o de un bello ideal que se levanta.
Ten para todo júbilo, la santa
sonrisa acogedora que lo aprueba;
pon una nota nueva
en toda voz que canta,
y resta, por lo menos,
un minimo aguijón a cada prueba
que torture a los malos y a los buenos.

¿QUÉ ESTÁS HACIENDO, ROSA...?

¿Qué estás haciendo, rosa...?
                    —Estoy en éxtasis.
—Agua, ¿qué estás haciendo?
                    —Aparta, aparta:
no perturbes mi espejo con tu imagen...
Estoy copiando un ala.
Estoy copiando un ala peregrina,
¡blanca, muy blanca!

—Inmóviles follajes de los olmos,
¿por qué están silenciosas vuestras arpas?
Se dijera que, en vez de dar conciertos,
los escucháis...
                    —¡Por Dios, aguarda, aguarda!

14

que estamos aprendiendo melodias
misteriosas, que pasan
en la inquietud augusta de estas noches
estivales: son almas
que revuelan cantando...
¡Si tú escuchar pudieras lo que cantan,
ya no más a las músicas terrestres
les pedirías nada!

ESPACIO Y TIEMPO

... Esta cárcel, estos hierros
en que el alma esta metida!.

SANTA TERESA.

Espacio y tiempo, barrotes
de la jaula
en que el ánima, princesa
encantada,
está hilando, hilando, cerca
de las ventanas
de los ojos (las unicas
aberturas por donde
suele asomarse, lánguida).

Espacio y tiempo, barrotes
de la jaula:

ya os romperéis, y acaso
muy pronto, porque cada
mes, hora, instante, os mellan,
¡y el pájaro de oro
acecha una rendija para tender las alas!

La princesa, ladina,
finge hilar; pero aguarda
que se rompa una reja...
En tanto, a las lejanas
estrellas dice: «Amigas,
tendedme vuestra escala
de luz sobre el abismo».

Y las estrellas pálidas
le responden: «Espera,
espera, hermana,
y prevén tus esfuerzos:
ya tendemos la escala!»

SIMPLICITAS

¡Es tan llano entenderlo todo,
cuando lo oímos con humildad!
¡Es tan fácil mirarlo todo
cuando se marcha en la soledad,
dispuesta y ágil la conciencia

para escuchar la confidencia
de cuanto nos rodea;
y, a través de la transparencia
de la ingenua y simple natura,
—que como niña se delata—,
contemplar toda la hermosura
que ella jamás recata!

.Pero nos complicamos
con palabras, con clasificaciones;
y así sucede que ignoramos
todo, menos las expresiones
con que al fenómeno llamamos.

Viene el orgullo a complicar
luego el magín, y a poco andar
sale un mirifico señor,
profundo en eso de ignorar
(por lo cual llámanle doctor...)

Pónese a disparatar
sin tregua, y, como el calamar,
nos va empañando en rededor
la claridad de nuestro mar
con su negror!

¡Cómo castigas con cegar
a quien no quiere verte, AMOR!

SECURITAS

Murieron los QUIÉN SABE,
callaron los QUIZÁ:
el corazón es copa de amor, en donde cabe
todo el divino vino que la esperanza da.

No ignora ya la nave
qué rumbo seguirá,
ni desconoce el ave
dónde su nido está.

Murieron los QUIÉN SABE,
callaron los QUIZÁ.

Oh misterioso y suave
AMANECER: no habrá
sombra que menoscabe
tus esplendores ya.

Cuando una luz acabe,
otra se encenderá
dentro del alma grave.

Murieron los QUIÉN SABE,
callaron los QUIZÁ.

EL ESTANQUE DE LOS LOTOS

AL CRUZAR LOS CAMINOS

Al cruzar los caminos, el viajero decia
—mientras, lento, su báculo con tedioso compás
las malezas hollaba, los guijarros hería.—
Al cruzar los caminos, el viajero decía:
«¡He matado al Anhelo, para siempre jamás!»

«¡Nada quiero, ya nada, ni el azul ni la lluvia,
ni las moras de agosto ni las fresas de abril,
ni amar yo a la trigueña ni que me ame la rubia,
ni alabanza de docto ni zalema de vil!»

«Nada quiero, ya nada, ni salud ni dinero,
ni alegría, ni gloria, ni esperanza, ni luz.
¡Que me olviden los hombres, y en cualquier agujero
se deshaga mi carne sin estela ni cruz!

«Nada quiero, ya nada, ni el laurel ni la rosa,
ni cosecha en el campo ni bonanza en el mar,

ni sultana ni sierva, ni querida ni esposa,
ni amistad ni respeto... Sólo pido una cosa:
¡Que me libres, oh Arcano, del horror de pensar!»

«Que me libres, oh Arcano, del demonio consciente;
que a fundirse contigo se reduzca mi afán,
y el perfume de mi alma suba a tí mudamente.
Sea yo como el árbol y la espiga y la fuente,
que se dan en silencio, sin saber que se dan.»

DORMIR

Yo lo que tengo, amigo, es un profundo
deseo de dormir!...
                    ¿Sabes?: el Sueño
es un estado de divinidad.

El que duerme es un dios...
                         Yo lo que tengo,–
amigo, es gran deseo de dormir.

El Sueño es en la vida el solo mundo
nuestro, pues la vigilia nos sumerge
en la ilusión común, en el océano
de la llamada REALIDAD. Despiertos
vemos todos lo mismo:
vemos la tierra, el agua, el aire, el fuego,

las criaturas efímeras... Dormidos
cada uno está en su mundo,
en su exclusivo mundo,
hermético, cerrado a ajenos ojos,
a ajenas almas; cada mente hila
su propio ensueño (o su verdad: ¡quién sabe!)

Ni el ser más adorado
puede entrar con nosotros por la puerta
de nuestro sueño. Ni la esposa misma
que comparte tu lecho
y te oye dialogar con los fantasmas
que surcan por tu espíritu
mientras duermes, podría,
aun cuando lo ansiara,
traspasar los umbrales de ese mundo,
de TU MUNDO mirifico de sombras.

¡Oh, bienaventurados los que duermen!
Para ellos se extingue cada noche,
con todo su dolor, el universo
que diariamente crea nuestro espíritu.
Al apagar su luz se apaga el COSMOS.

El castigo mayor es la vigilia:
el insomnio es destierro
del mejor paraiso

Nadie, ni el más feliz, restar querria
horas al sueno para ser dichoso.

Ni la mujer amada
vale lo que un dormir manso y sereno
en los brazos de Aquél que nos sugiere
santas inspiraciones...
«El día es de los hombres; mas la noche,
de los dioses», decían los antiguos.

No turbes, pues, mi paz con tus discursos,
amigo: mucho sabes;
pero mi sueño sabe más... ¡Aléjate!
No quiero gloria ni heredad ninguna:
yo lo que tengo, amigo, es un profundo
deseo de dormir...

EL DIAGNÓSTICO

Siento un deseo agudo de partir; una trémula
y nerviosa impaciencia me va invadiendo. Ansío
subir al tren que marcha. El airón multiforme
de las locomotoras,
visto de mis balcones, aviva mis anhelos.
Nunca miré a las aves con más envidia; nunca
los nobles vuelos ágiles
del aviador, mi espíritu movieron de esta suerte.
Las nubes andariegas me hipnotizan; el viento,
nuestro compadre el viento,
parece que a mi oído va murmurando: «¡Márchate!»

Mi corazón redobla sus penosos latidos.
No sé qué sentimiento de expectación azuza
el corcel de mis ansias.
Un invisible látigo parece que restalla
cerca de mí, una inquieta
premura sin motivo suele avivar mi paso.
«Doctor, dame un diagnóstico deste mi mal...»
—«¡Acaso
vas a morir, poeta!»

LLÉVETE YO...

Lleven otros galeras de marfil por el río
de la vida; otros lleven acopio de ilusión;
otros, rockfellerescos tesoros, señorío...
¡Llévete yo, Dios mío, dentro del corazón!

Llévete yo, Dios mío, como perla divina
en el trémulo estuche del corazón que te ama;
llévete yo en la mente como luz matutina;
llévete yo en el pecho como invisible llama.

Llévete yo en la música de todo cuanto rime;
en lo más puro y noble de mi canción palpita,
y sé para mi espíritu el AMIGO SUBLIME
que anuncian tus palabras en el «Baghavadgita.»

LA DIOSA

Cuando todos se marchen, tú llegarás callada.
Nadie verá tu rostro, nadie te dirá nada.
Pasarán distraídos,
con el alma asomada
a los cinco sentidos.

Espiando tu llegada,
yo seré todo ojos, yo seré todo oidos.

Tu hermosura divina
no tentará el anhelo
de esa caterva obscura,
que nunca alzó los ojos para mirar el cielo,
ni con trémulas manos quiso apartar el velo
que cubre tu hermosura.

Tu mirada, espaciosa como el mar, y tus labios,
de donde sólo fluyen, cual versos de poetas
eternos, las verdades
que allá en las soledades
persiguieron los sabios
y oyeron los ascetas.

Serán, para mí, única-
mente, Diosa; no más

yo besaré, temblando, la orla de la túnica
que encubre las sagradas bellezas que me das.

En tanto, la manada
seguirá en su balido
de amor y de deseo...

Después se irá, apretada
y espesa, hacia el establo del deleite prohibido,
y a ti, la incomparable, nadie te dirá nada,
nadie te habrá advertido.

REMANSO

¡Oh! ¡cuán bueno es pasar inadvertido,
dulce Fray Luis!, que no diga ninguno:
«Ahí va el eminente, el distinguido...»

¡Qué suave regazo el del olvido!
¡qué silencio mullido!
¡qué remanso de paz tan oportuno!

Simplemente, al arrimo
de la naturaleza, madre santa,
hacer la obra, dar el fruto opimo,
como brinda su néctar el racimo,
la fuente brota y el pardillo canta.

No pedir galardón ni recompensa,
feliz del fruto que cuajo en la rama.
Cordialmente pensar con cuanto piensa,
férvidamente amar con cuanto ama

Sentirse uno por siempre con la esencia
misma de la perenne creación:
chispa consciente en su inmortal conciencia,
y latido en su inmenso corazón.

LOS MANANTIALES

Lee los libros esenciales,
bebe leche de leonas; gusta el vino
de los fuertes: tu Platón y tu Plotino,
tu Pitágoras, tu Biblia, tus indos inmemoriales:
Epicteto, Marco Aurelio... ¡Todo el frescor cristalino
que nos brindan los eternos manantiales!

LIBROS

Libros, urnas de ideas;
libros, arcas de ensueño;
libros, flor de la vida
consciente; cofres místicos
que custodiáis el pensamiento humano

nidos trémulos de alas poderosas,
audaces e invisibles;
atmósfera del alma;
intimidad celeste y escondida
de los altos espíritus.

Libros, hojas del árbol de la ciencia;
libros, espigas de oro
que fecundara el Verbo desde el caos;
libros en que ya empieza desde el tiempo
el milagro de la inmortalidad;
libros (los del poeta)
que estáis, como los bosques,
poblados de gorjeos, de perfumes,
rumor de frondas y correr de agua;
que estáis llenos, como las catedrales,
de simbolos, de dioses y de arcanos.

Libros, depositarios de la herencia
misma del universo;
antorchas en que arden
las ideas eternas e inexhaustas;
cajas sonoras donde custodiados
están todos los ritmos
que en la infancia del mundo
las musas revelaron a los hombres.

Libros, que sois un ala (amor la otra)
de las dos que el anhelo necesita
para llegar a la Verdad sin mancha.

Libros, ¡ay!, sin los cuales
no podemos vivir: sed siempre, siempre,
los tácitos amigos de mis dias.

Y vosotros, aquellos que me disteis
el consuelo y la luz de los filósofos,
las excelsas doctrinas
que son salud y vida y esperanza,
servidle de piadosos cabezales
a mi sueño en la noche que se acerca.

A MI HERMANA LA MONJA

Sálvate tú, hermana, con tu sencillez;
sálveme yo con mi complejidad

Distinta es la senda, distinta la vez,
y aun siendo la misma, otra es la verdad.

Sigue tras las nubes buscando el fulgor
de tu antropomorfa celeste deidad,
mientras yo me asomo todo a mi interior,
hambriento de enigmas y de eternidad.

¡Hay algo en nosotros igual: el AMOR,
y ése ha de lograrnos, al fin, la UNIDAD!

¡Salva seas, pues, tú con tu candor,
salvo yo con toda mi complejidad!

LA SED

Inútil la fiebre que aviva tu paso;
no hay fuente que pueda saciar tu ansiedad,
por mucho que bebas...
                    El alma es un vaso
que sólo se llena con eternidad.

¡Qué mísero eres! Basta un soplo frío
para helarte... Cabes en un ataúd;
¡y en cambio a tus vuelos es corto el vacío,
y la luz muy tarda para tu inquietud!

¿Quién pudo esconderte, misteriosa esencia,
entre las paredes de un vil cráneo? ¿Quién
es el carcelero que con la existencia
te cortó las alas? ¿Por qué tu conciencia,
si es luz de una hora, quiere el sumo BIEN?

Displicente marchas del orto al ocaso;
no hay fuente que pueda saciar tu ansiedad
por mucho que bebas... ¡El alma es un vaso
que sólo se llena con eternidad!

PASTOR.

Pastor, te bendigo por lo que me das.
Si nada me das, también te bendigo.
Te sigo riendo si entre rosas vas.
Si vas entre cardos y zarzas, te sigo.
¡Contigo en lo menos, contigo en lo más,
y siempre contigo!

LA TONTA

Permanece a la puerta largo tiempo sentada,
sumergiendo en quién sabe qué abismos su mirada,
y cuando los patanes se mofan de ella, y cuando
le preguntan:—«¿Qué haces?» Responde:—«¡Estoy pensando!
—«¡Está pensando!», todos corean con voz pronta.
«¿Lo oís? ¡Está pensando Sebastiana la tonta!»

Mas ella no se inmuta, y sus claras pupilas,
con misterioso ahinco clávanse en las tranquilas
lontananzas bermejas del crepúsculo vivo,
que, sin pensar, parece cual ella pensativo...

15

¿Qué miran esos ojos fulgurantes a ratos,
verdes y estriados de oro como los de los gatos?

¿Qué atisban en las nubes—ingrávidas viajeras—
que pasan proyectando sus sombras en las eras?
¿Qué acechan en los cielos, qué buscan, en fin, cuando
la tonta a los patanes responde: «Estoy pensando»?

Su alma está en ese punto de la Circunferencia
divina en que se funden la ciencia y la inconsciencia;
donde los dos extremos eslabones se traban,
donde empiezan los simples y los genios acaban.

La madrastra la riñe sin cesar: nunca acierta
la tonta a contentarla... Mas, después, a la puerta
de la casucha sórdida, Bastiana se desquita,
mirando con sus ojos de jade la infinita
lontananza en que sangra la tarde agonizando,
mientras murmuran todos: «La tonta está pensando...»

LA NUBE

¡Qué de cuentos de hadas saldrían de esa nube
crepuscular, abismo celeste de colores!
¡Cuánta vela de barco, cuánta faz de querube,
cuánto fénix incólume, que entre las llamas sube,
cuánto dragón absurdo, cuántas divinas flores!

¡Cuánto plumón de cisne, cuánto sutil encaje,
cuánto pavón soberbio, de colas prodigiosas,
cuánto abanico espléndido, con áureo varillaje,
cuánto nimbo de virgen, cuánto imperial ropaje,
cuántas piedras preciosas!

Mas ella no lo sabe, y ensaya vestiduras
de luz y vierte pródiga sus oros y sus cobres,
para que la contemplen tan sólo tres criaturas:
¡un asno pensativo, lleno de mataduras,
y dos poetas líricos, muy flacos y muy pobres!

EL POETA NIÑO

Sufrió su pasión,
rió su reir.
cantó su canción
...¡y se fué a dormir!

Se marchó risueño
después de cantar,
y tal es su sueño,
que no tiene empeño
¡ay! en despertar.

Sufrió su pasión,
rió su reir,

cantó su canción
...¡y se fué a dormir!

É L

Su voz más dulce que una orquesta
sin duda fué... Más que un cristal
su alma fué pura y manifiesta.
¡Estar con Él, era una fiesta!
¡Morir por Él, un ideal!

Ha dos mil años que pasó
sembrando paz, vertiendo miel,
y de la tierra se adueñó.
¡Ha dos mil años que murió,
y el mundo aun vive por Él!

EL ARQUERO DIVINO

PERSEVERANCIA

Cabecita esquiva,
cabecita loca,
eres roca viva...
Pero en esa roca
plantaré un jardin
de suave fragancia.
Si la tierra es poca,
mucha es la constancia:
mi perseverancia
logrará su fin!
Aguardo... Mi nave sus velas enjunca:
ya vendrá el deshielo de tu alma glacial;
ya, por cada rosa que tu mano trunca,
brotará un retoño, crecerá un rosal...
Derrotado siempre y abatido nunca,
yo, con sueños rotos, labro un ideal.

...Y así marcharemos, hasta que en su día
cuajen las ternuras sobre el desamor,
y mi pobre boca, que sólo sabía
murmurar: «mañana...», clame por fin: «¡mía!»
¡La perseverancia siempre da su flor!

SI MI AMOR ES PECADO

Si mi amor es pecado,
¡ya está bien castigado!
Pero, si no lo es,
esta siembra de espinas, que inconsciente
haces tú en mi pobre alma diariamente;
esta sangre que viertes y no ves,
¡en qué compensaciones milagrosas,
en qué cosecha púrpura de rosas
florecerá después!

DIOS HARÁ LO DEMÁS

Que es inútil mi afán por conquistarte;
que ni me quieres hoy ni me querrás...
Yo me contento, Amor, con adorarte:
¡Dios hará lo demás!

Yo me contento, Amor, con sembrar rosas
en el camino azul por donde vas.
Tú, sin mirarlas, en su seda posas
el pie: ¡quizá mañana la verás!
Yo me contento, Amor, con sembrar rosas.
¡Dios hará lo demás!

PARA ENCONTRARTE

Para encontrarte, ¡cuánto camino,
cuánto camino tuve que hacer!
Fuí de la mano de mi destino,
anda que anda, pero sin ver...
Salvé montañas y valladares,
crucé desiertos, pasé los mares,
vi tantas veces amanecer,
soñando siempre con la alborada
azul y trémula de tu mirada.
¡Cuánto camino, mi bien amada,
cuánto camino tuve que hacer!

En cuántos versos tracé tu cara,
sin conocerla, como si para
que los leyeras más tarde, oh Bien,
por ti inspirados hubiesen sido.
Todos mis versos han presentido
de tus miradas el claro edén.

¡Tristes, alegres, mediocres, bellos,
todos son tuyos! Hazte con ellos
ramos de flores, tú que eres flor,
o con sus chispas y sus destellos
y el oro pálido de tus cabellos,
una aureola cuyo fulgor
dé a tu cabeza, que se levanta,
como un corimbo,
como una rosa, nimbo de santa
deslumbrador.
o todavía más puro nimbo:
nimbo de amor.

EL DIA QUE ME QUIERAS

El día que me quieras tendrá más luz que junio;
la noche que me quieras será de plenilunio,
con notas de Beethoven vibrando en cada rayo
sus inefables cosas,
y habrá juntas más rosas
que en todo el mes de mayo.
Las fuentes cristalinas
irán por las laderas
saltando cantarinas,
el día que me quieras.
El día que me quieras, los sotos escondidos
resonarán arpegios nunca jamás oídos.

Extasis de tus ojos, todas las primaveras
que hubo y habrá en el mundo, serán cuando me quieras.

Cogidas de la mano, cual rubias hermanitas
luciendo golas cándidas, irán las margaritas
por montes y praderas
delante de tus pasos, el día que me quieras...
Y si deshojas una, te dirá su inocente
postrer pétalo blanco: «¡A p a s i o n a d a m e n t e!»

Al reventar el alba del día que me quieras,
tendrán todos los tréboles cuatro hojas agoreras,
y en el estanque, nido de gérmenes ignotos,
florecerán las místicas corolas de los lotos.

El día que me quieras será cada celaje
ala maravillosa, cada arrebol miraje
de las Mil y Una Noches, cada brisa un cantar,
cada árbol una lira, cada monte un altar.

El día que me quieras, para nosotros dos
cabrá en un solo beso la beatitud de Dios.

SED..

Cada día que pasa sin lograr que me quiera
es un día perdido...
¡Oh, Señor, no permitas, por piedad, que me muera
sin que me haya querido!
¡Porque entonces mi espíritu, con su sed no saciada,
con su anhelo veraz,

errará dando tum   la noche estrellada,
como pájaro loco, sin   ni paz!

A.   O I D O

Con voz tenue, velda
por emoción muy honda, bajo la luz discreta
de la lámpara, así dea aquel poeta
viril a una MIMOSA PDICA: su adorada:
    «¡No te impongan is rasgos altivos de mi cara,
no temas la energía e mi mirar, que doma
espiritus hostiles cona fijeza clara:
yo tengo perfil de águila... y entrañas de paloma!
    «¡Mi garra duerme oculta bajo plumón mullido,
y sólo estrangulando viboras se con
Mi boca nunca dice: O QUIERO;
Mi voluntad es f   as con d
    «Mi voz co   los re   ave;
mi beso es   ja ni   rosa
Mi instint   lem   odo
con una   a,   steri
    «No   are
nuest   n   mi
¡Jur   ive   tr
rec   i ho   r   ña.

Y TÚ, ESPERANDO...

Pasan las hoscas noches agadas de astros,
pasan los cegadores días benejos,
pasa el gris de las lluvias, huen las nubes
...¡y tú, esperando!
　¡Tú, esperando y las horas o tienen prisa!
¡Con qué pereza mueven las antas torpes!
Las veinticuatro hermanas flur parecen
zuecos de plomo.
　Esa rosa encendida ya se miente,
entre los gajos verdes de su tillo
Entre los gajos verdes su ca santa
es un milagro.
　¡Pero cuándo veremos la r abierta
Dios eterno, tú nunca te pre as;
mas el hombre se angustia p e es efímero.
¡Señor, cuándo veremos la re bierta!

SIEMP

¿Y cómo harás en lo fut
Haré mis versos sin hace
s casi inmateriales, te

errará dando tumbos por la noche estrellada,
como pájaro loco, sin alivio ni paz!

AL OIDO

Con voz tenue, velada
por emoción muy honda, bajo la luz discreta
de la lámpara, así decía aquel poeta
viril a una MIMOSA PÚDICA: su adorada:
    «¡No te impongan los rasgos altivos de mi cara,
no temas la energía de mi mirar, que doma
espíritus hostiles con su fijeza clara:
yo tengo perfil de águila... y entrañas de paloma!
    «¡Mi garra duerme oculta bajo plumón mullido,
y sólo estrangulando víboras se contrae.
Mi boca nunca dice: YO QUIERO; dice: PIDO!
Mi voluntad es fuerte, mas con dulzor atrae.»
    «Mi voz conoce todos los registros del clave;
mi beso es docto y no aja ni un pétalo de rosa.
Mi instinto, en los problemas de amor, todo lo sabe,
con una ciencia arcana, profunda y misteriosa.»
    «No mires si en mis sienes hay escarcha octubreña;
nuestras almas sin años hablan un mismo idioma.
¡Junta tu cara nivea con mi cara trigueña;
reclínate en mi hombro sin miedo; duerme... sueña.
¡Yo tengo perfil de águila y entrañas de paloma!»

Y TÚ, ESPERANDO...

Pasan las hoscas noches cargadas de astros,
pasan los cegadores días bermejos,
pasa el gris de las lluvias, huyen las nubes
...¡y tú, esperando!
  ¡Tú, esperando y las horas no tienen prisa!
¡Con qué pereza mueven las plantas torpes!
Las veinticuatro hermanas llevar parecen
zuecos de plomo.
  Esa rosa encendida ya se presiente,
entre los gajos verdes de su justillo.
Entre los gajos verdes su carne santa
es un milagro.
  ¡Pero cuándo veremos la rosa abierta!
Dios eterno, tú nunca te precipitas;
mas el hombre se angustia porque es efímero.
¡Señor, cuándo veremos la rosa abierta!

SIEMPRE

  ¿Y cómo harás en lo futuro versos?
—Haré mis versos sin hacerlos... casi
flúidos, casi inmateriales, tenues,

sin palabras apenas,
o palabras que formen leve reja,
delgada reja, tras la cual asome,
tembloroso, mi espíritu desnudo;
mi espíritu sediento
y hambriento de supremas realidades;
ávido de saber la sola cosa
que hay que saber en vísperas
de la gran travesía
¿Y no amarás?

    —¡Ay! sí, porque he nacido
para amar... Bien quisiera
que a lo invisible abriese su corola
únicamente el alma;
pero no puedo aún: Eva sonríe,
y tras ella, prendido mi deseo
en el rayo de sol de su sonrisa,
vuela, incapaz de detenerse, amigo!
 Me temo, pues, que mi postrero canto
sea un canto de amor...

¡COMO UNA MARIPOSA!

Como una mariposa se para en un espino,
posáronse las alas del Ensueño divino
en mi alma triste y hosca. Posáronse un instante
sólo; mas la espinosa

planta ya nunca olvida la blancura radiante,
el blando impulso trémulo, la gracia palpitante
de aquella mariposa...

EL CLAVO DE ORO

«Clávame un clavo de oro,
clávame un clavo de oro dentro del corazón,
¡oh, tú, mujer ambigua que por mi mal adoro,
clávame un clavo de oro dentro del corazón!»
    Así decía el trémulo estribillo sonoro
de aquel juglar; así decia su canción.
    «¡Clávame un clavo de oro,
mejor que el fiero dardo
desas tus despiadadas pupilas de leopardo;
mejor que la ironía
de tus palabras crueles,
a la cual hace coro
tu sarcástica risa llena de cascabelcs;
mejor que tus respuestas ayunas de emoción!
¡Oh, tú, mujer ambigua, que por mi mal adoro,
clávame un clavo de oro,
clávame un clavo de oro dentro del corazón!»
    «¡Clávame un clavo de oro, mejor que tus inquinas,
mejor que tus enojos;
mejor que de tus labios de rosa las espinas,
mejor que los falaces topacios de tus ojos!

Mejor que de tus hoscos desdenes las escamas,
mejor que las avispas de tantos epigramas,
ante cuyo aguijón
de angustia y rabia lloro!
  «¡Oh, tú, mujer ambigua, que por mi mal adoro,
clávame un clavo de oro
dentro del corazón!»

TODAVÍA NO

  Ah, no, no, todavia no te vayas, amor.
Ah, no, no, todavía...
                    En mi otoño hay fulgor,
en mi cerebro lumbre.
El sol mágicamente reverbera en la cumbre.
Ah, no, no, todavia no te vayas, amor.
  Algo aprendi en la vida, y un poquito de ciencia
da precio a las ternuras
                    Tengo mucha indulgencia
para las cabecitas jóvenes; mi alegría
es cordial; y aun conserva su virgen transparencia
mi ingenuidad de niño (tan docta en su inocencia).
Amor, no, no te vayas, quédate todavía.

A LOS CUARENTA Y CINCO

Musa, a los cuarenta y cinco,
hagamos, con más ahinco
que nunca, versos de amor,
recubriendo los otoños
invasores con retoños
de primaveral verdor.

A fin de que las muchachas,
locuelas y vivarachas,
ornen nuestra soledad
y a nuestro lado se encanten,
que nuestros versos les canten
cosas propias de su edad.

Tenemos algunas canas
tal vez, y arrugas... (¿tempranas?)
que urge hacerse perdonar,
y conviene que las bellas
no reparen, ¡ayl, en ellas
...o finjan no reparar.

¡Demos a la vagarosa
rima alas de mariposa;
vistamos nuestro soñar
de blancos y leves tules;
contemos cuentos azules,
que son lindos de contar!

¡Nada adusto, nada serio!
¡Por hoy, reciba el misterio
que nos seduce, un adiós;
y en vez del vuelo aquilino,
en las alas de un divino
beso, vayamos a Dios!
 ¡Conque, Musa, ya lo sabes:
en mis crepúsculos graves
pon auroral resplandor,
y así, a los cuarenta y cinco,
haremos, con más ahinco
que nunca, versos de amor!

LA PUERTA

 Por esa puerta huyó, diciendo «¡Nunca!»
Por esa puerta ha de volver un día...
Al cerrar esa puerta, dejó trunca
la hebra de oro de la esperanza mía.
Por esa puerta ha de volver un día.
 Cada vez que el impulso de la brisa,
como una mano débil, indecisa,
levemente sacude la vidriera,
palpita más aprisa, más aprisa
mi corazón cobarde que la espera.
 Desde mi mesa de trabajo veo
la puerta con que sueñan mis antojos,

y acecha agazapado mi deseo
en el trémulo fondo de mis ojos.

 ¿Por cuánto tiempo, solitario, esquivo
he de aguardar con la mirada incierta
a que Dios me devuelva compasivo
a la mujer que huyó por esa puerta?

 ¿Cuándo habrán de temblar esos cristales
empujados por sus manos ducales,
y, con su beso ha de llegarme ella,
cual me llega en las noches invernales
el ósculo piadoso de una estrella?

 ¡Oh, Señor, ya la Pálida está alerta;
oh, Señor, cae la tarde ya en mi vía
y se congela mi esperanza yerta!
¡Oh, Señor, haz que se abra al fin la puerta
y entre por ella la adorada mía!

 ¡Por esa puerta ha de volver un día!

LA AMADA INMÓVIL

(PÓSTUMO)

OFERTORIO

Deus dedit, Deus abstulit.

Dios mío, yo te ofrezco mi dolor:
¡Es todo lo que puedo ya ofrecerte!
Tú me diste un amor, un solo amor,
¡un gran amor!
         Me lo robó la muerte
...y no me queda más que mi dolor.
    Acéptalo, Señor:
¡Es todo lo que puedo ya ofrecerte!...

¿LLORAR? ¡POR QUÉ!

Este es el libro de mi dolor:
lágrima a lágrima lo formé:
una vez hecho, te juro por
Cristo, que nunca más lloraré.
¿Llorar? ¡Por qué!

Serán mis rimas como el rielar
de una luz íntima, que dejaré
en cada verso; pero llorar,
¡eso ya nunca! ¿Por quién? ¿Por qué?

Serán un plácido florilegio,
un haz de notas que regaré;
y habrá una risa por cada arpegio.
¿Pero una lágrima? ¡Qué sacrilegio!
Eso ya nunca. ¿Por quién? ¿Por qué?

«MÁS YO QUE YO MISMO»

Oh vida mía, vida mía,
agonicé con tu agonía
y con tu muerte me morí.

De tal manera te quería,
que estar sin ti es estar sin mí!

¡Faro de mi devoción,
perenne cual mi aflicción
es tu memoria bendita!
¡Dulce y santa lamparita
dentro de mi corazón!

Luz que alumbra mi pesar,
desde que tú te partiste
y hasta el fin lo ha de alumbrar,
que si me dejaste triste,
triste me habrás de encontrar.

Y al abatir mi cabeza
ya para siempre jamás
el mal que a minarme empieza,
pienso que por mi tristeza
tú me reconocerás!

Merced al noble fulgor
del recuerdo, mi dolor
será espejo en que has de verte,
y así vencerá a la muerte
la claridad del amor.

No habrá ni noche ni abismo
que enflaquezca mi heroísmo
De buscarte sin cesar.

Si eras «más yo que yo mismo»,
¿cómo no te he de encontrar?

Oh vida mía, vida mía,
agonicé con tu agonía
y con tu muerte me morí.
De tal manera te quería,
que estar sin ti es estar sin mí.

GRATIA PLENA

Todo en ella encantaba, todo en ella atraía:
su mirada, su gesto, su sonrisa, su andar.
El ingenio de Francia de su boca fluía.
Era «llena de gracia», como el Avemaría;
¡quien la vió no la pudo ya jamás olvidar!

Ingenua como el agua, diáfana como el día,
rubia y nevada como Margarita sin par,
al influjo de su alma celeste, amanecía...
Era llena de gracia, como el Avemaria;
quien la vió no la pudo ya jamás olvidar.

Cierta dulce y amable dignidad la investía
de no sé qué prestigio lejano y singular.
Más que muchas princesas, princesa parecía:
era llena de gracia, como el Avemaría;
quien la vió no la pudo ya jamás olvidar.

Yo gocé el privilegio de encontrarla en mi vía
dolorosa; por ella tuvo fin mi anhelar,
y cadencias arcanas halló mi poesía.
Era llena de gracia, como el Avemaría;
quien la vió no la pudo ya jamás olvidar.

¡Cuánto, cuánto la quise! Por diez años fué mía;
pero flores tan bellas nunca pueden durar!
Era llena de gracia, como el Avemaría,
y a la Fuente de gracia, de donde procedía,
se volvió... como gota que se vuelve a la mar!

PUELLA MEAI

Muchachita mía,
gloria y ufanía
de mi atardecer,
yo sólo tenia
la santa alegria
de mi poesia
y de tu querer!

¿Por qué te partiste?
¿Por qué te me fuiste?
Mira que estoy triste,
triste, triste, triste,
con tristeza tal,

que mi cara mustia
deja ver mi angustia,
como si fuera de cristal!

Muchachita mía,
¡qué sola, qué fría
te fuiste aquel día!
¿En qué estrella estás!
¡En qué espacio vuelas!
¡En qué mar rielas!
¿Cuándo volverás?
—¡Nunca, nunca más!

SU TRENZA

Bien venga, cuando viniere,
la Muerte: su helada mano
bendeciré si me hiere...
He de morir como muere
un caballero cristiano.

Humilde, sin murmurar,
oh Muerte, me he de inclinar
cuando tu golpe me venza;
...pero déjame besar,
mientras expiro, su trenza!

La trenza que le corté
y que, piadoso, guardé
(impregnada todavía
del sudor de su agonia)
la tarde en que se me fué!

Su noble trenza de oro:
amuleto ante quien oro,
idolo de locas preces,
empapado por mi lloro
tantas veces... tantas veces...

Deja que, muriendo, pueda
acariciar esa seda
en que vive aún su olor;
...Es todo lo que me queda
de aquel infinito amor!

Cristo me ha de perdonar
mi locura, al recordar
otra trenza, en nardo llena,
con que se dejó enjugar
los pies por la Magdalena ..

¿QUÉ MÁS ME DA?

In angello cum libello.

KEMPIS.

Con ella, todo; sin ella, nada!
para qué viajes,
cielos, paisajes!
Qué importan soles en la jornada!
Qué más me da
la ciudad loca, la mar rizada,
el valle plácido, la cima helada,
si ya conmigo mi amor no está!
Qué más me da...

Venecias, Romas, Vienas, Parises:
bellos sin duda; pero copiados
en sus celestes pupilas grises,
en sus divinos ojos rasgados!
Venecias, Romas, Vienas, Parises,
qué más me da
vuestra balumba febril y vana,
si de mi brazo no va mi Ana,
si ya conmigo mi amor no está!
Qué más me da...

Un rinconcito que en cualquier parte me preste abrigo;
un apartado refugio amigo
donde pensar;
un libro austero que me conforte;
una esperanza que sea norte
de mi penar,
y un apacible morir sereno,
mientras más pronto más dulce y bueno:
¡qué mejor cosa puedo anhelar!

¡QUIÉN SABE POR QUÉ!

Perdí tu presencia,
pero la hallaré;
pues oculta ciencia
dice a mi conciencia
que en otra existencia
te recobraré!

Tú fuiste en mi senda
la única prenda
que nunca busqué;
llegaste a mi tienda
con tu noble ofrenda,
quién sabe por qué!

¡Ay! por cuánta y cuánta
quimera he anhelado
que jamás logré.
y en cambio a ti, santa,
dulce bien amado,.
te encontré a mi lado,
quién sabe por qué!

Viniste, me amaste;
diez años llenaste
mi vida de fe,
de luz y de aroma;
en mi alma arrullaste
como una paloma,
quién sabe por qué!

...Y un día te fuiste.
¡ay triste! ¡ay triste!
.pero te hallaré;
pues oculta ciencia
dice a mi conciencia
que en otra existencia
te recobraré!

METAFISIQUEOS

De qué sirve al triste la filosofia!
Kant o Schopenhauer o Nietzsche o Bergson...

¡Metafisiqueos!

       En tanto, Ana mía,
te me has muerto, y yo no sé todavia
dónde ha de buscarte mi pobre razón.

   ¡Metafisiqueos, pura teoría!
Nadie sabe nada de nada: mejor,
que esa pobre ciencia confusa y vacía,
nos alumbra el alma como luz del día,
el secreto instinto del eterno amor!

   No ha de haber abismo que ese amor no ahonde—,
y he de hallarte. ¿Dónde? ¡No me importa dónde!
¿Cuándo? No me importa... ¡pero te hallaré!
Si pregunto a un sabio, «¡Qué sé yo!»— responde—
Si pregunto a mi alma, me dice: «¡Yo sé!»

EL FANTASMA SOY YO

> *Vivants, vous êtes des fantômes.*
> *C'est nous qui sommes les vivants!*
>
>   V. H.

Mi alma es una princesa en su torre metida,
con cinco ventanitas para mirar la vida.
Es una triste diosa que el cuerpo aprisionó.
Y tu alma, que desde antes de morirte volaba,

es un ala magnífica, libre de toda traba...
Tú no eres el fantasma: ¡el fantasma soy soy!

¡Qué entiendo de las cosas! Las cosas se me ofrecen,
no como son de suyo, sino como aparecen
a los cinco sentidos con que Dios limitó
mi sensorio grosero, mi percepción menguada.
Tú lo sabes hoy todo...; ¡yo, en cambio, no sé nada!
Tú no eres el fantasma: ¡el fantasma soy yo!

CUANDO DIOS LO QUIERA

Santa florecita, celestial renuevo,
que hiciste de mi alma una primavera,
cuyo perfume para siempre llevo:
¿Cuándo en mi camino te hallaré de nuevo?
—¡Cuando Dios lo quiera, cuando Dios lo quiera!

—¡Qué abismo tan hondo! ¡Qué brazo tan fuerte
desunirnos pudo de tan cruel manera!
...Mas ¡qué importa! Todo lo salva la muerte
y en «otra ribera» volveré yo a verte...
—En otra ribera... si!, cuando Dios quiera!

Corazón herido, corazón doliente,
mutilada entraña: si tan tuya era
(carne de tu carne, mente de tu mente,

hueso de tus huesos), necesariamente
has de recobrarla...— Sí, cuando Dios quiera!

TODO INÚTIL

Inútil es tu gemido:
no la mueve tu dolor.
La muerte cerró su oído
a todo vano rumor.

En balde tu boca loca
la suya quiere buscar:
Dios ha sellado su boca:
¡ya no te puede besar!

Nunca volverás a ver
sus amorosas pupilas
en tus veladas arder
como lámparas tranquilas.

Ya sus miradas tan bellas
en ti no se posarán:
Dios puso la noche en ellas
y llenas de noche están

Las manos inmaculadas
le cruzaste en su ataúd,

y estarán siempre cruzadas:
¡ya es eterna su actitud!

Al noble corazón tierno
que sólo por ti latió,
como a pájaro en invierno
la noche lo congeló.

—¿Y su alma? ¿Por qué no viene?
¡Fué tan mía!... ¿Dónde está?
—Dios la tiene, Dios la tiene:
Él te la devolverá
quizá!

¡CÓMO SERÁ!

Si en el mundo fué tan bella,
¿cómo será en esa estrella
dónde está?
¡Cómo será!

Si en esta prisión oscura
en que más bien se adivina
que se palpa la hermosura,
fué tan peregrina,
¡cuán peregrina será
en el más allá!

Si de tal suerte me quiso
aquí, ¿cómo me querrá
en el azul paraiso
en donde mora quizá?
¡Cómo me querrá!

Si sus besos eran tales
en vida, ¡cómo serán`
sus besos espirituales!
¡Qué delicias inmortales
no darán!
Sus labios inmateriales,
¡cómo besaran!

...Siempre que medito en esa
dicha que alcanzar espero,
clamo, cual santa Teresa,
«que muero porque no muero»;
hallo la vida muy tarda
y digo: ¿cómo será
la aventura que me aguarda
donde ella está?
¡Cómo será!

LA CITA

> Llamaron quedo, muy quedo,
> a la puerta de tu casa...
>
> VILLAESPESA.

—¿Has escuchado?
Tocan la puerta...
—La fiebre te hace
desvariar.
—Estoy citado
con una muerta,
y un día de estos ha de llamar...
Llevarme pronto me ha prometido;
a su promesa no ha de faltar...
Tocan la puerta. Qué, ¿no has oído?
—La fiebre te hace desvariar.

ME BESABA MUCHO...

Me besaba mucho, como si temiera
irse muy temprano... Su cariño era
inquieto, nervioso.

Yo no comprendía
tan febril premura. Mi intuición grosera
nunca vió muy lejos...
                    ¡Ella presentía!

Ella presentía que era corto el plazo,
que la vela herida por el latigazo
del viento, aguardaba ya... y en su ansiedad
queria dejarme su alma en cada abrazo,
poner en sus besos una eternidad!

EL RESTO ¡QUÉ ES!

Tú eras la sola verdad de mi vida:
el resto ¡qué es!
Humo... palabras, palabras, palabras...
mientras la tumba me hace enmudecer!

Tú eras la mano cordial y segura
que siempre estreché
con sentimiento de plena confianza
en tu celeste lealtad de mujer.

Tú eras el pecho donde mi cabeza
se reposó bien,
oyendo el firme latir de la entraña
que noblemente mía sólo fué.

Tú lo eras todo: ley, verdad y vida...
El resto ¡qué es!

NIHIL   NOVUM...

¡Cuántos, pues, habrán amado
como mi alma triste amó...
y cuántos habrán llorado
como yo!

¡Cuántos habrán padecido
lo que padecí,
y cuántos habrán perdido
lo que perdí!

Canté con el mismo canto,
lloro con el mismo llanto
de los demás,
y esta angustia y este tedio,
ya los tendrán sin remedio
los que caminan detrás.

Mi libro sólo es, en suma,
gotícula entre la bruma,
molécula en el crisol
del común sufrir, renuevo
del Gran Dolor: ¡Nada nuevo

bajo el sol!
   Mas tiene cada berilo
su manera de brillar,
y cada llanto su estilo
peculiar.

¡CUÁNTOS DESIERTOS INTERIORES!

   ¡Cuántos desiertos interiores!
Heme aquí joven, fuerte aún,
y con mi heredad ya sin flores...
Némesis sopló en mis alcores
con bocanadas de simún.

   De un gran querer, noble y fecundo,
sólo una trenza me quedó...
¡y un hueco más grande que el mundo!
Obra fué todo de un segundo.
¿Volveré a amar? ¡Pienso que no!

   Sólo una vez se ama en la vida
a una mujer como yo amé;
Y si la lloramos perdida
queda el alma tan malherida,
que dice a todo:—«¡Para qué!»

Su muerte fué mi premoriencia,
pues que su vida era razón
de ser de toda mi existencia.
Pensarla, es ya mi sola ciencia...
¡Resignación! ¡resignación!

BENDITA

Bendita seas, porque me hiciste
amar la muerte, que antes temía.
Desde que de mi lado te fuiste,
amo la muerte cuando estoy triste;
si estoy alegre, más todavía.

En otro tiempo, su hoz glacial
me dió terrores; hoy, es amiga.
¡Y la presiento tan maternal!...
Tú realizaste prodigio tal!
¡Dios te bendiga! ¡Dios te bendiga!

AL ENCONTRAR UNOS FRASCOS DE ESENCIA

¡Hasta sus perfumes duran más que ella!
Ved aqui los frascos, que apenas usó

y que reconstruyen para mí la huella
sutil que en la casa dejó...

Herméticamente encerrada
la esencia en sus pomos, no se escapará.
...Mientras que el espíritu de mi bien amada,
más imponderable, más tenue quizá,
voló de sus labios: redoma encantada,
¡y en dónde estará!

YO NO DEBO IRME...

Yo no debo irme: tengo de esperar
hasta que la muerte me venga a llamar.
¡Tengo de esperar!

¡Cuánto tarda, cuánto!
...Pero el tiempo corre
y a veces escucho, cerca de mi torre,
entre las tinieblas, cauteloso andar.
...Mucho tarda, pero tiene de llegar.

Rejas insidiosas, rejas que vedáis
para mí la vida, que cuadriculáis
para mí los aires; impasibles rejas,
duras a mis dedos, sordas a mis quejas:
habrán de limaros mis firmes anhelos,
y quizá una noche me abriréis los cielos.

Mucho, tal vez mucho tengo de esperar,
pero al fin la muerte me vendrá a llamar.

RESURRECCIÓN

Yo soy tan poca cosa, que ni un dolor merezco...
Mas tú, Padre, me hiciste merced de un gran dolor!
Ha un año que lo sufro, y un año ya que crezco
por él en estatura espiritual, Señor!

¡Oh Dios, no me lo quites! El es la sola puerta
de luz que yo vislumbro para llegar a Ti!
El es la sola vida que vive ya mi muerta:
mi llanto, diariamente, la resucita en mí!

¡REYES!

Oh Reyes, me trajisteis hace un año un presente
excepcional: ¡un gran dolor!
Fuisteis conmigo pródigos, cual monarcas de Oriente,
Baltasar, Gaspar y Melchor.

Durante las tristísimas horas de vuestra noche,
terribles horas de expiación,
mi solo bien, mi frágil azucena, su broche
plegaba ya sin remisión.

Todo fué inútil: llanto, plegarias. Y al siguiente
día, vi agostarse mi flor.
Fuisteis conmigo pródigos, monarcas del Oriente;
vuestros tres dromedarios trajéronme el presente
más grande, oh Baltasar, oh Gaspar, oh Melchor.

HASTA MURIÉNDOTE

Hasta muriéndote mi hiciste bien;
porque la pena de aquel edén
incomparable que se perdió,
trocando en ruego mi vieja rima,
llevó mis ímpetus hacia la cima,
pulió mi espíritu como una lima
y como acero mi fe templó.

Hoy, muy dolido, mas ya sereno,
por ti quisiera ser siempre bueno;
de los que sufren tengo piedad;
en mi alma huérfana sólo Dios priva,
nada mi vuelo mental cautiva,
y es mi esperanza cuál siempreviva
que se abre a un beso de eternidad!

BIENAVENTURADOS

¡Bienaventurados,
bienaventurados,
los dignificados
por la dignidad glacial de la muerte;
los invulnerables ya para los hados
una y misma cosa ya con el Dios fuerte!

¡Bienaventurados!

Bienaventurados los que destruyeron
el muro ilusorio de espacio y guarismos;
los que a lo Absoluto ya por fin volvieron;
los que ya midieron todos los abismos.

Bienaventurada, dulce muerta mía,
a quien he rezado como letanía
de fe, poesía
y amor, estas páginas... que nunca leerás!
Por quien he vertido, de noche y de día,
todas estas lágrimas... que no secarás!

QUEDAMENTE...

Me la trajo quedo, muy quedo, el Destino,
y un día, en silencio, me la arrebató;
llegó sonriendo; se fué sonriente;
quedamente vino;
vivió quedamente;
queda... quedamente desapareció!

VARIAS

RUBÉN DARÍO

Ha muerto Rubén Darío,
¡el de las piedras preciosas!

Hermano, cuántas noches tu espíritu y el mío,
unidos para el vuelo, cual dos alas ansiosas,
sondar quisieron ávidos el Enigma sombrío,
más allá de los astros y de las nebulosas.

Ha muerto Rubén Darío,
¡el de las piedras preciosas!

Cuántos años intensos junto al Sena vivimos,
engarzando en el oro de un común ideal
los versos juveniles que, a veces, brotar vimos
como brotan dos rosas a un tiempo de un rosal!

Hoy ya tu vida, inquieta cual torrente bravio,
en el mar de las Causas desembocó; ya posas
las plantas errabundas en el islote frío
que pintó Böcklin... ¡ya sabes todas las cosas!

GOOD NIGHT!

Buenas noches, Vanidad;
es tarde... Mi puerta cierro.
Yo estoy— ¡cosas de la edad!—
muy bien en mi soledad,
con Dios, un libro y un perro.
¡Buenas noches, Vanidad!

A LOS POSTRES

Me decía la niña querida:
«Yo quisiera morir para ver...»
Y solíale yo responder:
«Niña, asoma primero a la vida
tu curiosidad de mujer...

Niña, asoma primero a la vida
tu curiosidad;

acepta el banquete, pues se te convida.
Ya dirás después: «¡Todo es vanidad!»
Pero lo dirás cuando la comida
esté consumida;
lo dirás a los postres, ¿verdad?»

A UN POETA OBSCURO

Hay gentes que nacieron para la luz del día,
y hay otras que nacieron para un vago fulgor:
tú vas en la penumbra vertiendo poesía,
y nadie te conoce, y en la América mía,
tus íntimos afirman que eres un «d i o s m e n o r...»

En cambio, ¡qué de bombos para algunos, qué vivos
lucires de reclamos, de popularidad!
¡Cómo, en su honor, los diarios esponjan adjetivos!
Tus versos, entretanto, se embozan, pensativos:
¡tal vez en tu sepulcro florezca la verdad!

LA FEA

Pobre don Juan aturdido
que, con el mostacho erguido,
pensaste a mi dueña hurtar,

y, por fea, la has huido,
el asedio al empezar.
¡Tonto! ¡La que te has perdido!...
Tiene un encanto escondido,
que sólo yo sé gustar.

Un encanto que está hecho
de muchas cosas al par;
que te deja satisfecho
cuerpo y alma, sin cansar.
Un encanto muy difícil, muy difícil de explicar.

Vete a requerir de amores
otras, según tú, mejores.
Fea es mi dueña de atar,
y lo digo sin empacho:
no merece tu mostacho
oloroso y militar.
Poco te habría lucido;
y en el Club, en tu cotarro, no te pudieras jactar.
Déjasela a su marido...
(Tiene un encanto escondido
que sólo yo sé gustar.)

Pasa, y ninguno la mira
ni la requiebra al pasar.
Todos van tras la mentira
de un rostro de buen mirar.

...Y yo, con mi preterido
bien, me marcho complacido,

pues me dejan saborear
con el alma y el sentido,
aquel encanto escondido
que nadie supo gustar.

·EL LIRIO CÁRDENO

En el jardín del Alcázar luce un gran lirio morado,
un gran lirio cuya pompa las demás flores humilla,
y que en su altivez enhiesta parece un abanderado
que majestuoso enarbola el pendón real de Castilla.
    No hay reyes ya, ni hay infantes que por los sitios umbrosos
discurran como en las tardes de otros tiempos discurrían,
comentando bellos lances venatorios o amorosos
y ostentando, a las miradas
de los villanos ingenuos, «aquellas ropas chapadas
que traían».
    La sala de Alfonso el Sabio luce grecas de oro viejo
y hay un balcón donde el cielo miraba el Rey, que al saber
los absurdos del sistema tolemaico, muy perplejo
pensó que si le llamara Dios a su santo Consejo ´
antes de construir el mundo... mejor le hubiera de hacer.
    ¡Cuántas «acordadas músicas» aquestos muros oyeron!
¡Cuántas trovas estas torres en la quietud oportuna!...
Y estas grises galerías ¡cuántas veces pasar vieron
la majestad desdeñosa de don Alvaro de Luna!
    En los campos melancólicos los ciervos vienen y van,

y parece que, añorando las dulces cosas que fueron,
nos murmuran al oído: «¡Qué se hizo el rey don Juan!...
Los infantes de Aragón
¡qué se hicieron!»

LA ESCENA INMEMORIAL

En el recogimiento de su celda, la anciana
Teresa (nueve lustros de amor inmaculado)
platica con su Cristo.
La luz de la ventana
reverbera en la cárdena-faz del Crucificado.
Tarde glacial de Avila...
Inicia una campana
con una dulce esquila su gran diálogo alado.
—«¡Señor, dice Teresa, por ti todo martirio
me es dulce; padecer quiero o morir, Señor!»
Y al expresarlo, enciéndese su palidez de lirio,
sus brazos, castamente, ciñen al Salvador.
Los ojos del Maestro tienen más luz que Sirio,
y cada llaga se abre como divina flor.

A D'HALMAR

Sobre tu frente gravita
la infinita
pesadumbre secular.

Buscas tu ensueño ultrahumano
en tierra lueñe, en mar lejano;
¿lo encontrarás?

Hermano extraño, errabundo,
¿de qué estrella has caído al mundo?
¿Sabes, siquiera, dónde estás?

Hacen cruz nuestros caminos,
bebamos juntos los vinos
del adiós.

Yo te emplazo en una cita
sobre la arena infinita
sideral...

INDICE

MÍSTICAS

SERENIDAD

ELEVACIÓN

EL ARQUERO DIVINO

Pág.

VARIAS

POESIAS PUBLICADAS:

Rubén Darío. «SUS MEJORES POEMAS»

Selección de Eduardo Barrios y Roberto Meza Fuentes. En este libro amplio y completo, se encuentra todo lo bueno del poeta, sin fragmentos, toda poesía es completa. Precio $ 6.00

Guerra Junqueiro. «SUS MEJORES POEMAS»

Selección de Eduardo Barrios y Roberto Meza Fuentes, con un estudio del poeta, por Agostinho de Campos, traducido especialmente para este libro por Arthur Vieira. Contiene además trozos de prosa algunos póstumos y hasta hoy inéditos. Un grueso volumen. Precio. $ 6.00

Víctor D. Silva. «SUS MEJORES POEMAS»

Toda la buena producción del gran poeta chileno. Precio. $ 6.00

José Asunción Silva. «POESIAS»
(Edición definitiva)

Con un retrato del poeta, y estudio por Sanin Cano. Este gran vate americano, es talvez uno de los menos difundidos, por la exigüidad de sus ediciones. Sus «Nocturnos» son considerados una de las mejores producciones mundiales. Precio. $ 6.00

Gabriela Mistral. «DESOLACIÓN»

Toda la obra poética y la mejor prosa de esta poetisa chilena de fama universal. Puede decirse que ya en vida se ha visto venerada y glorificada. Un gran volumen con una impresión sóbria y elegante. Precio. $ 8.00

Pedro Antonio González. «POESIAS»

La obra completa de uno de los mejores poetas de su tiempo y que marcó una nueva etapa en la poesía chilena. Su poesía «El Monge», es una obra perfecta. Precio. $ 6.00

Eusebio Lillo. «POESIAS»

Para inmortalizar este poeta, solo bastaba haber sido el autor del hermoso Himno Nacional Chileno. Es esta la primera edición en conjunto de su obra poética. Precio $ 6.00

Pedro Sienna. «EL TINGLADO DE LA FARSA»

Es la historia de la vida teatral toda descrita en hermosísimos sonetos. Pedro Sienna es uno de los mejores sonetistas chilenos. Precio $ 6 00

Daniel de la Vega.

De este gran poeta chileno, proclamado en un concurso «El mejor poeta nacional», tenemos varios tomos de bellas poesías.

La Música que pasa, 1 tomo. Precio $ 2 50
Las Montañas Ardientes, 1 tomo. Precio $ 2.50
Los Horizontes, 1 tomo. Precio $ 4 00
Un año de Inquietud. Está reunido en fuerte volumen, nutrido de lindos trozos de prosa y verso, los doce números de su «Revista Mensual», con compaginación continuada e índice general. Precio. $ 6.00

María Monvel. «FUÉ ASÍ...»

La obra de esta joven poetisa, es ya muy conocida en toda América. Precio $ 4.00

Armando Donoso. «NUESTROS POETAS»

Antología completa, de la poesía chilena moderna. El gran escritor y crítico chileno, ha hecho una obra selecta y completa, como sólo él era capaz de hacerla. Es un exponente completo de la poesía chilena, que hasta hoy no se había hecho. Con este libro se conoce la obra poética de Chile moderno.

Un tomo en formato grande de más de 500 páginas. $ 10.00

Armando Donoso. «LAS MEJORES POESIAS PARA LA DECLAMACIÓN»

A base de las poesías recitadas por la eximia declamadora Berta Singerman, se ha completado este volumen con otras numerosas poesías escogidas entre las mejores mundiales.

Con este libro, puede decirse que se tiene el mejor repertorio universal de poesías para declamar, escogidas con el mayor cuidado y seleccionadas con todo acierto. Precio. $ 5.00

Esta Casa Editorial, tiene servicios de novedades para toda la América hispana y aún para Europa.

Agentes en las principales ciudades americanas. Pídanse catálogos.

EN LA MISMA EDITORIAL:

EN LA MISMA EDITORIAL:

CPSIA information can be obtained
at www.ICGtesting.com
Printed in the USA
BVOW08s0606260417

482309BV00019B/458/P